Werner van den Hövel (Herausgeber)

Schulen auf dem Weg zur Inklusion

Rechtliche Grundlagen der inklusiven Bildung und Erziehung
in Nordrhein-Westfalen

Werner van den Hövel

Schulen auf dem Weg zur Inklusion

Rechtliche Grundlagen der inklusiven Bildung und Erziehung in Nordrhein-Westfalen

1. Auflage 2015

Carl Link

Bibliografische Information der Deutschen Nationalbibliothek

Die Deutsche Nationalbibliothek verzeichnet diese Publikation in der Deutschen Nationalbibliografie; detaillierte bibliografische Daten sind im Internet über http://dnb.d-nb.de abrufbar.

ISBN: 978-3-556-06932-5

www.wolterskluwer.de
www.schulverwaltung.de

Umschlagkonzeption: Martina Busch, Grafikdesign, Homburg-Kirrberg

Satz: Innodata Inc., Noida, India
Druck: Williams Ley & tag GmbH, München

Gedruckt auf säurefreiem, alterungsbeständigem und chlorfreiem Papier

Vorwort

Die schulpolitische Diskussion wird seit einigen Jahren durch die Umsetzung der Behindertenrechtskonvention der Vereinten Nationen geprägt. Dieses völkerrechtliche Übereinkommen ist seit 2009 durch vorbehaltlose Ratifikation auch für die Bundesrepublik Deutschland eine verbindliche Rechtsnorm. Es tritt nicht an die Stelle bisheriger Regelungen, sondern ruft zu neuer Betrachtung und Ordnung auf. Dies gilt insbesondere für die Einbeziehung von jungen Menschen mit einer Behinderung in das Bildungssystem.

Was weltweit verabredet worden ist, muss vor Ort umgesetzt und mit Leben erfüllt werden. Dabei stellen sich in der täglichen Bildungs- und Erziehungsarbeit nicht nur pädagogische und schulorganisatorische sondern auch vielfältige, häufig nur schwer zu durchschauende rechtliche Fragen. Diese sind von Land zu Land unterschiedlich zu beantworten.

In Nordrhein-Westfalen ist die Behindertenrechtskonvention landesrechtlich durch das 9. Schulrechtsänderungsgesetz (2013) in das Landesschulgesetz transformiert worden. Zudem sind zahlreiche Begleitregelungen erlassen worden, die von Schulen und Lehrkräften zu beachten sind.

Das vorliegende Buch gibt in einem einführenden Teil zunächst einen kurzen Überblick über die bisherige Entwicklung. In einem zweiten Teil werden rechtlich relevante Begriffe erläutert. Der dritte Teil enthält die wichtigsten Regelungen zur schulischen Inklusion in Nordrhein-Westfalen.

Die Verwaltungsvorschriften zur Ausbildungsordnung sonderpädagogische Förderung sind nicht aufgenommen worden, da in Kürze eine Neufassung zu erwarten ist.

Bitte sehen Sie mir nach, dass ich mich wegen der kürzeren Schreibweise für das generische Maskulinum entschieden habe. Kritik und Anregungen nehme ich unter der Adresse schulrecht.nrw@gmail.com gerne entgegen.

Werner van den Hövel

Oberhausen, im August 2015

Stand der Rechts- und Internetquellen: 01.08.2015

Inhaltsübersicht

Inhaltsverzeichnis

Inhaltsverzeichnis

Abkürzungsverzeichnis

A

ABl. NRW
: Amtsblatt des Ministeriums für Schule und Weiterbildung des Landes Nordrhein-Westfalen

ADO
: Allgemeine Dienstordnung für Lehrerinnen und Lehrer, Schulleiterinnen und Schulleiter an öffentlichen Schulen (ADO) vom 18. Juni 2012 (BASS 21 – 02 Nr. 4)

AO-GS
: Verordnung über den Bildungsgang in der Grundschule (Ausbildungsordnung Grundschule – AO-GS) vom 23. März 2005 (BASS 13 – Nr.1.1)

AO-SF
: Verordnung über die sonderpädagogische Förderung, den Hausunterricht und die Schule für Kranke (Ausbildungsordnung sonderpädagogische Förderung – AO-SF) vom 29. April 2005 (BASS 13 – 41 Nr. 2.1)

APO-BK
: Verordnung über die Ausbildung Prüfung in den Bildungsgängen des Berufskollegs (Ausbildungs- und Prüfungsordnung Berufskolleg – APO-BK) vom 26. Mai 1999 (BASS 13 – 33 Nr.1.1)

APO-GOSt
: Verordnung über den Bildungsgang und die Abiturprüfung in der gymnasialen Oberstufe (APO-GOSt) vom 5. Oktober 1998 (BASS 13 -32 Nr. 3.1 B)

AVO
: Verordnung zur Ausführung des § 93 Abs. 2 Schulgesetz (VO zu § 93 Abs.2 SchulG) vom 18. März 2005 (BASS 11 – 11 Nr. 1)

B

BASS
: Bereinigte Amtliche Sammlung der Schulvorschriften des Landes Nordrhein-Westfalen (Jahresbeilage zum Amtsblatt NRW)

BbesG
: Bundesbesoldungsgesetz

BGB
: Bürgerliches Gesetzbuch

BVerfG
: Bundesverfassungsgericht

BVerwG
: Bundesverwaltungsgericht

G

GG
: Grundgesetz für die Bundesrepublik Deutschland vom 23. Mai 1949 (auszugsweise abgedruckt in BASS 0 – 1)

GV. NRW.
: Gesetz- und Verordnungsblatt für das Land Nordrhein-Westfalen

K

KMK
: Kultusministerkonferenz

L

LABG
: Gesetz über die Ausbildung für Lehrämter an öffentlichen Schulen (Lehrerausbildungsgesetz – LABG) vom 12. Mai 2009 (BASS 1 – 8)

LV
: Verfassung für das Land Nordrhein-Westfalen vom 28. Juni 1950 (auszugsweise abgedruckt in BASS 0 -2)

M

MSW
: Ministerium für Schule und Weiterbildung des Landes Nordrhein-Westfalen

N

NRW
: Nordrhein-Westfalen

O

OVG NRW   Oberverwaltungsgericht für das Land Nordrhein Westfalen in Münster

R

RdErl.   Runderlass

RdJB   Recht der Jugend und des Bildungswesens

S

SchfkVO   Verordnung zur Ausführung des § 97 Abs. 4 Schulgesetz (Schülerfahrkostenverordnung – SchfkVO) vom 16. April 2005 (BASS 11 – 04 Nr. 3.1)

Schule NRW   Amtsblatt des Ministeriums für Schule und Weiterbildung des Landes Nordrhein-Westfalen

SchulG   Schulgesetz für das Land Nordrhein-Westfalen NRW (Schulgesetz NRW – SchulG) vom 15. Februar 2005 (BASS 1 – 1)

SchulVerwaltung   Zeitschrift für Schulentwicklung und Schulmanagement

SGB   Sozialgesetzbuch

SGV. NRW.   Sammlung der im Land Nordrhein-Westfalen geltenden Gesetze und Verordnungen

V

VN-BRK   Übereinkommen der Vereinten Nationen vom 13. Dezember 2006 über die Rechte von Menschen mit Behinderungen (Behindertenrechtskonvention – VN-BRK)

VV   Verwaltungsvorschriften

VwVfG   Verwaltungsverfahrensgesetz für das Land Nordrhein-Westfalen

VwGO   Verwaltungsgerichtsordnung

Literatur- und Linkhinweise

Rechtliche Aspekte der Umsetzung der schulischen Inklusion in Deutschland (eine Auswahl einer kaum überschaubaren Vielzahl von Veröffentlichungen):

✓   Bielefeldt, H.: Zum Innovationspotential der UN-Behindertenrechtskonvention, Berlin, 2009.

✓   Degener, T.: Die UN-Behindertenrechtskonvention als Inklusionsmotor, RdJB 2009, S. 200 ff.

✓   Poscher, R./Rux J./Langer T.: Von der Integration zur Inklusion, Baden-Baden, 2008.

✓   Klemm, Kl.: Gemeinsam lernen. Inklusion leben. Status Quo und Herausforderungen inklusiver Bildung in Deutschland, Gütersloh, 2010.

✓   Mißling, S./Ückert, O.: Inklusive Bildung: Schulgesetze auf dem Prüfstand, Berlin 2014.

✓   Robinson, K.: Berufliche Bildung und Rehabilitation in Deutschland, RdJB 2015, S. 17 ff.

✓   Sekretariat der Ständigen Konferenz der Kultusminister der Länder in der Bundesrepublik Deutschland: Pädagogische und rechtliche Aspekte der Umsetzung des Übereinkommens der Vereinten Nationen vom 13. Dezember 2006 über die Rechte von Menschen mit Behinderungen (Behindertenrechtskonvention – VN-BRK) in der schulischen Bildung, Beschluss vom 18. November 2010.

✓   Welti, F.: Verantwortlichkeit für angemessene Vorkehrungen und Barrierefreiheit in der Bildung, RdJB 2015, S. 34 ff.

Gesamtdarstellungen des nordrhein-westfälischen Schulrechts:

✓   BASS 2015/2016 Bereinigte Sammlung der Schulvorschriften, Jahresbeilage zum Amtsblatt NRW, Düsseldorf: Ministerium für Schule und Weiterbildung des Landes Nordrhein-Westfalen. Frechen: Ritterbach Verlag.

✓   Jehkuhl, u. a.: (Loseblatt-Kommentar zur Fortsetzung), Schulgesetz für das Land Nordrhein-Westfalen – Kommentar für die Schulpraxis, Essen: Hubert Wingen.

✓   Jülich C. (Loseblatt-Kommentar zur Fortsetzung): Allgemeine Dienstordnung (ADO) für Lehrerinnen und Lehrer, Schulleiterinnen und Schulleiter an öffentlichen Schulen in NRW – Kommentar, Köln: Carl Link, Wolters Kluwer Deutschland.

✓   Jülich, C./Fehrmann, J (2014): Das neue Schulgesetz in Nordrhein-Westfalen, 5. Auflage, Köln: Carl Link, Wolters Kluwer Deutschland.

✓   Jülich, C./van den Hövel, W. (Loseblatt-Kommentar zur Fortsetzung): Schulrechtshandbuch NRW – Kommentar zum Schulgesetz NRW mit Ratgeber und ergänzenden Vorschriften, Köln: Carl Link, Wolters Kluwer Deutschland.

✓   van den Hövel, W. (2015): Schulrecht NRW – Was Lehrerinnen und Lehrer wissen müssen, 1. Auflage, Frechen: Ritterbach Verlag.

Zeitschriften mit Beiträgen zu Rechtsfragen der schulischen Inklusion:

✓   RdJB: Recht der Jugend und des Bildungswesens, Zeitschrift für Schule, Berufsbildung und Jugenderziehung, Berlin: BWV – Berliner Wissenschaftsverlag.

Literatur- und Linkhinweise

✓ Schule NRW: Amtsblatt des Ministeriums für Schule und Weiterbildung, Frechen: Ritterbach Verlag.

✓ SchulRecht: Informationsdienst für Schulleitung und Schulaufsicht, Kronach: Carl Link, Wolters Kluwer Deutschland.

✓ SchulVerwaltung NRW: Zeitschrift für Schulentwicklung und Schulmanagement, Ausgabe für Nordrhein-Westfalen, Kronach: Carl Link, Wolters Kluwer Deutschland.

Weiterführende Links:

✓ https://www.schulministerium.nrw.de/docs/Schulsystem/Inklusion/index.html – Das MSW hat im Bildungsportal eine Vielzahl von Informationen und Materialien zur schulischen Inklusion veröffentlicht. Dort finden sich auch die vom Ministerium in Auftrag gegebenen Gutachten.

✓ http://www.lbb.nrw.de/ – Auf der Homepage des Beauftragten der Landesregierung für die Belange der Menschen mit Behinderung in Nordrhein-Westfalen gibt es Neuigkeiten, Infos und Hintergründe rund um das Thema Menschen mit Behinderung in Nordrhein-Westfalen.

✓ http://www.kmk.org/bildung-schule/allgemeine-bildung/sonderpaedagogische-foerderung-inklusion.html – Das Sekretariat der Kultusministerkonferenz hat auf seiner Homepage die Beschlüsse zur Umsetzung der Behindertenrechtskonvention in Deutschland veröffentlicht. Dort finden sich auch die Empfehlungen die Empfehlungen zu den einzelnen Förderschwerpunkten und zur Förderung von Schülerinnen und Schülern mit besonderen Schwierigkeiten im Lesen und Rechtschreiben oder im Rechnen.

✓ http://www.bildungsserver.de/Inklusion-Integrative-Erziehung-1024.html – Der vom Bund und den Ländern getragene deutsche Bildungsserver ist der zentrale Internet-Wegweiser zum Bildungssystem in Deutschland.

✓ http://www.bmas.de/ – Das Themenportal des Bundesministeriums für Arbeit und Soziales bietet Informationen zu dem Nationalen Aktionsplan zur Umsetzung der Behindertenrechtskonvention.

✓ http://www.inklusion-als-menschenrecht.de/ – Das vom Deutschen Institut für Menschenrechte herausgegebene Online-Handbuch „Inklusion als Menschenrecht" bietet Anregungen und Lernideen zu Fragen in Zusammenhang mit der Umsetzung der Behindertenrechtskonvention.

✓ http://www.behindertenbeauftragte.de/DE/Koordinierungsstelle/Koordinierungsstelle_node.html – Eines der Aufgaben des Beauftragten der Bundesregierung für die Belange von Menschen mit Behinderung als staatliche Koordinierungsstelle ist, über die Umsetzung der Behindertenrechtskonvention zu informieren.

✓ http://www.institut-fuer-menschenrechte.de – Unter diesem Link finden sich das Informationsangebot der unabhängigen Monitoring-Stelle zur Behindertenrechtskonvention, die 2009 nach einem Beschluss des Bundeskabinetts und nach der Entscheidung des Deutschen Bundestags und des Bundesrats über das Ratifikationsgesetz als Teil des Deutschen Instituts für Menschenrechte in Berlin eingerichtet worden ist. Dort finden sich auch aktuelle Informationen über den „Staatenbericht" der Vereinten Nationen zur Umsetzung der Behindertenrechtskonvention in Deutschland.

I. Inklusion statt Integration: Zur Umsetzung von Artikel 24 der VN-Behindertenrechtskonvention in Nordrhein-Westfalen

Die bildungspolitische Debatte hat seit den 1970er Jahren den einzelnen jungen Menschen mit seinen individuellen Eigenschaften, Interessen, Fähigkeiten und auch Lernbedürfnissen in den Mittelpunkt gerückt. Der gemeinsame Unterricht von Kindern und Jugendlichen mit und ohne Behinderungen ist seit einigen Jahren eine große Herausforderung für alle Länder. Das Übereinkommen der Vereinten Nationen über die Rechte von Menschen mit Behinderungen vom 13. Dezember 2006 (VN-Behindertenkonvention – VN-BRK), das seit dem 26. März 2009 auch in Deutschland gilt, ist der hierfür vorgegebene völkerrechtliche Rahmen.

Menschenrechte werden an die Lebenssituation von Menschen mit Behinderungen angepasst

Die Behindertenrechtskonvention schafft keine Sonderrechte für eine bestimmte Gruppe von Menschen, sondern konkretisiert die universellen Menschenrechte für die Bedürfnisse und Lebenslagen von Menschen mit Behinderungen. Das Übereinkommen verbietet die Diskriminierung von Menschen mit Behinderungen in allen Lebensbereichen und garantiert ihnen die bürgerlichen, politischen, wirtschaftlichen, sozialen und kulturellen Menschenrechte.

Die Behindertenrechtskonvention wirkt in viele gesellschaftliche Bereiche und politische Handlungsfelder hinein. Für den Bildungsbereich sind die wesentlichen Handlungsfelder in Artikel 24 benannt.

Verpflichtungen, die aus dem Übereinkommen erwachsen, richten sich wie bei anderen Menschenrechtskonventionen in erster Linie an die Träger öffentlicher Gewalt (Bund, Länder, Kommunen). Die Gesetzgebung hat bei der Umsetzung des Übereinkommens in nationale Regelungen die darin geregelten Rechte zu verwirklichen, damit sie innerstaatlich Geltung erlangen. Erst dann entstehen in der Regel subjektive Rechtsansprüche, auf die eine Klage vor einem Gericht gestützt werden könnte.

Zuständig für die Umsetzung sind im schulischen Bereich die Länder

Die Bestimmungen der Behindertenrechtskonvention gelten nicht nur für den Bund als Vertragsstaat sondern für alle Teile der Bundesrepublik Deutschland (Artikel 4 Absatz 5 VN-BRK). Damit sind auch die Länder grundsätzlich verpflichtet, die Behindertenrechtskonvention durch landesrechtliche Regelungen umzusetzen. Soweit die Vertragsbestimmungen Bereiche betreffen, die in ihre ausschließliche Gesetzgebungskompetenz fallen, bedarf es der Transformation durch den zuständigen Landesgesetzgeber. Dies gilt insbesondere für die in Artikel 24 VN-BRK enthaltenen Bestimmungen zur schulischen Bildung, da die Schule nach der Kompetenzordnung des Grundgesetzes in die ausschließliche Zuständigkeit der Länder fällt.

✓ Artikel 24 Absatz 1 VN-BRK garantiert das Recht aller Menschen mit Behinderungen auf Bildung. Um dieses Recht auf allen Ebenen zu verwirklichen, gewährleisten die Vertragsstaaten ein integratives Bildungssystem.

✓ Nach Artikel 24 Absatz 2 b) VN-BRK haben die Vertragsstaaten sicherzustellen, dass „Menschen mit Behinderungen gleichberechtigt mit anderen in der Gemeinschaft in der sie leben, Zugang zu einem integrativen, hochwertigen und unentgeltlichen Unterricht an Grundschulen und weiterführenden Schulen haben".

✓ Lehrkräfte und sonstige Fachkräfte sind nach Artikel 24 Absatz 4 VN-BRK so auszubilden oder fortzubilden, dass sie in der Lage sind, den daraus resultierenden Anforderungen gerecht zu werden.

Bei der Umsetzung kommt es entscheidend darauf an, was unter dem in der amtlichen deutschen Übersetzung enthaltenen Begriff „integratives Bildungssystem" verstanden wird (Artikel 24 Absatz 1 Satz 2 VN-BRK). Die Debatte hierüber ist durch zwei Konzepte geprägt: Zum einen durch das Integrationskonzept und zum anderen durch das Inklusionskonzept. Das Integrationskonzept verlangt in erster Linie eine Anpassungsleistung der Schüler mit einer Behinderung an bestehende Schulstrukturen. Das Inklusionskonzept beruht auf dem Prinzip, alle Schüler ungeachtet ihrer Unterschiede gemeinsam zu unterrichten und Heterogenität nicht als Problem sondern als Bereicherung anzusehen. Die Befürworter des Inklusionskonzepts berufen sich dabei auf die Worte „inclusive education system" in der englischen Originalfassung der Behindertenrechtskonvention.

Ungeachtet dessen besteht Einigkeit über die Zielperspektive der Behindertenrechtskonvention im Bereich der schulischen Bildung. Es geht ihr insbesondere darum, Kinder und Jugendliche mit Behinderungen in das allgemeine Bildungssystem einzubeziehen und ihnen damit eine gleichberechtigte Teilhabe an Bildung, an Arbeit und am Leben in der Gesellschaft zu ermöglichen.

Die Behindertenrechtskonvention enthält keine konkreten Vorgaben, auf welche Weise das gemeinsame zielgleiche oder zieldifferente Lernen von Kindern und Jugendlichen mit und ohne Behinderungen zu realisieren ist, sondern nur Programmsätze. Das Übereinkommen enthält auch keine Aussagen zur Gliederung des Schulwesens und verlangt auch nicht zwangsläufig die Abschaffung aller Förderschulen. Die Länder haben vielmehr einen weiten Gestaltungsspielraum bei der Umsetzung von Artikel 24 VN-BRK in ihr Schulsystem. Sie können – unter Beachtung der Zielperspektive – Art und Weise der Durchführung nach eigenem Ermessen bestimmen. Dabei geht es nicht nur um pädagogische und schulorganisatorische Fragestellungen, sondern auch um die Finanzierung der damit verbundenen Aufwendungen und die Lösung vielfältiger Rechtsprobleme. Die staatliche Umsetzung steht zudem unter dem Vorbehalt der progressiven Realisierung (Artikel 4 Absatz 2 VN-BRK). Das heißt, dass bei der Transformation in landesrechtliche Regelungen grundsätzlich eine Konkurrenz zu anderen gleichrangigen staatlichen Aufgaben besteht.

Deutschland ist mit einem hochdifferenzierten Förderschulsystem einen eigenen Weg gegangen

Alle Kinder und Jugendliche in Deutschland haben das Recht auf eine unentgeltliche, angemessene schulische Bildung, Förderung und Unterstützung. Dies schließt Kinder und Jugendliche mit Behinderungen ein. Niemand wird wegen seiner Behinderung von Bildung und Erziehung ausgeschlossen. Ein Rückblick zeigt, dass Deutschland im internationalen Vergleich in der Nachkriegszeit mit der Entwicklung eines hochdifferenzierten Förderschulsystems einen eigenen Weg gegangen ist. Ziel war es, durch Bündelung und „Homogenisierung" von Lerngruppen den speziellen Förderbedarfen besser gerecht zu werden. Zugrunde gelegt wurde dabei ein medizinisch konnotierter und defizitär ausgerichteter Behindertenbegriff, der die Vorstellung nährte, dass die gewählten Kategorien trennscharf und eindeutig seien.

Dies führte zu einem komplexen Schulsystem, in dem Kinder und Jugendliche mit Behinderung von spezifisch ausgebildetem Personal mit großem Einsatz und hoher Professionalität gefördert wurden. Aus historischer Perspektive ist anzuerkennen, dass damals überhaupt damit begonnen wurde, einen Bildungsanspruch für Menschen auch mit hochgradigen und komplexen Behinderungen zu verwirklichen[1].

Mit der Empfehlungen der Kultusministerkonferenz zur sonderpädagogischen Förderung aus dem Jahr 1994[2] und der ebenfalls 1994 vorgenommenen Ergänzung des Artikels 3 Grundgesetz (GG) um das Benachteiligungsverbot des Absatzes 3 Satz 2 erfolgte eine Abkehr von dieser Sichtweise. Es wurden Entwicklungen in Gang gesetzt, die den Abbau von Barrieren und die gleichberechtigte Teilhabe behinderter Kinder und Jugendlicher zum Ziel hatten. Die Sonderschule wurde nicht mehr als einzige geeignete Schulform für die sonderpädagogische Förderung angesehen. Vielmehr wurde der individuelle Förderbedarf in den Vordergrund gestellt und die Zuständigkeit der allgemeinen Schule auch für Kinder und Jugendliche mit sonderpädagogischem Förderbedarf hervorgehoben.

Die sonderpädagogischen Förderung in den Ländern ist durch eine Vielzahl der Organisationsformen und der Vorgehensweisen gekennzeichnet. Allen Ländern gemeinsam ist aber, dass die Schulgesetze schon seit Jahren das gemeinsame Lernen von Schülern mit und ohne Behinderung vorsehen. Maßstab war dabei die seit 1997 gefestigte bundesverfassungsrechtliche Rechtsprechung zum Benachteiligungsverbot in Artikel 3 Absatz 3 Satz 2 GG[3].

---

1 Zur Geschichte des Rechts der Sonderschulen siehe Ellger-Rüttgardt, S.-L., Historische Aspekte der rechtlichen Ordnung einer Pädagogik für behinderte Schülerinnen und Schüler: In RdJB 4/2013, S. 445 ff.

2 Beschluss der Kultusministerkonferenz vom 6. Mai 1994 „Empfehlungen zur sonderpädagogischen Förderung in den Schulen in der Bundesrepublik Deutschland" – http://www.kmk.org/fileadmin/veroeffentlichungen_beschluesse/1994/1994_05_06-Empfehlung-sonderpaed-Foerderung.pdf

3 Vgl. BVerG vom 8. Oktober 1997, 1 BvR 9/97 – BverfGE 96, S. 288 ff.

Kultusministerkonferenz leitet einen Perspektivwechsel ein

Die Ratifizierung der Behindertenrechtskonvention durch Deutschland[4] gab schließlich den Anstoß dafür, dass sich die Kultusministerkonferenz auf eine Weiterentwicklung verständigte. Sie befasste sich 2010 zunächst mit den pädagogischen und rechtlichen Aspekten der Behindertenrechtskonvention[5]. Mit den im Oktober 2011 nach einer breiten Diskussion verabschiedeten neuen Empfehlungen zur „Inklusive Bildung von Kindern und Jugendlichen mit Behinderungen in Schulen" wurde ein Perspektivwechsel vollzogen[6]. Die Empfehlungen gehen von dem Grundsatz aus, dass Inklusion als ein umfassendes Konzept des menschlichen Zusammenlebens zu verstehen ist. Im schulischen Kontext bedeutet dies nach dem Verständnis der Kultusministerkonferenz den gleichberechtigten Zugang zur Bildung für alle sowie das Erkennen und Überwinden von Barrieren, die dem entgegenstehen. Die erreichten Standards sonderpädagogischer Bildungs-, Beratungs- und Unterstützungsangebote sind dabei abzusichern und weiterzuentwickeln

Inklusiver Unterricht bedeutet nach den Empfehlungen: weg von der Versorgung und Betreuung hin zu aktiver und selbstbestimmter Teilhabe des Einzelnen. Richtschnur für pädagogisches Handeln sollen die Individualität des Kindes, seine Stärken und Neigungen, seine Selbstbestimmung und Selbstverantwortlichkeit und seine Teilhabe an der Gemeinschaft sein. Den individuellen Erfordernissen sollen auf der Grundlage der allgemeinen Bildungs- und Erziehungsziele mit entsprechenden Unterstützungsmaßnahmen Rechnung getragen werden.

Hervorgehoben wird von der Kultusministerkonferenz, dass es sich bei dem qualitativen und quantitativen Ausbau des gemeinsamen Lernens in den Ländern um einen langfristig angelegten Prozess handelt, der einen Mentalitätswandel in der Gesellschaft und in den Schulen erfordert, der nicht verordnet werden kann. Die Empfehlungen sollen hierfür einen von den Ländern auszufüllenden Rahmen bilden.

---

4 Gesetz zu dem Übereinkommen der Vereinten Nationen vom 13. Dezember 2006 über die Rechte von Menschen mit Behinderten sowie dem Fakultativprotokoll vom 13. Dezember 2006 zum Übereinkommen der Vereinten Nationen über die Rechte von Menschen mit Behinderungen, BGBl. II 2008, S. 1419.

5 Fachtagung der Kultusministerkonferenz „Die Umsetzung der Behindertenrechtskonvention – Pädagogische und rechtliche Aspekte", 21.-22. Juni 2010 in Bremen
Beschluss der Kultusministerkonferenz vom 18. November 2010 „Pädagogische und rechtliche Aspekte der Umsetzung des Übereinkommens der Vereinten Nationen vom 13. Dezember 2006 über die Rechte von Menschen mit Behinderungen (Behindertenrechtskonvention – VN-BRK) in der schulischen Bildung" – http://www.kmk.org/fileadmin/veroeffentlichungen_beschluesse/2010/2010_11_18-Behindertenrechtkonvention.pdf

6 Beschluss der Kultusministerkonferenz vom 20. Oktober 2011 „Inklusive Bildung von Kindern und Jugendlichen mit Behinderungen in Schulen" – http://www.kmk.org/fileadmin/veroeffentlichungen_beschluesse/2011/2011_10_20-Inklusive-Bildung.pdf

Dem Lernort Förderschule kommt nach den Empfehlungen auch künftig Bedeutung zu[7]. Die weiterhin bestehenden Förderschulen mit ihren jeweiligen Schwerpunkten können sowohl Lernorte mit eigenen Bildungsangeboten als auch Förderzentren (Kompetenzzentren) mit sonderpädagogischen Angeboten für die allgemeine Schule sein. Die Entwicklung, Profilierung und Professionalisierung letzterer kann dazu beitragen, die schrittweise Umgestaltung der allgemeinen Schule zur inklusiven Bildungseinrichtung zu unterstützen.

In den Ländern geht es darum, die Empfehlungen aus dem Oktober 2011 aufzugreifen und Schritte festzulegen, mit denen die Behindertenrechtskonvention erfolgreich umgesetzt werden kann. Dabei sind sie unterschiedlich weit vorangekommen. Nach einer bei dem Inklusionsgipfel der UNESCO in Bonn am 19./20. März 2014 vorgelegten Studie der Monitoring-Stelle zur Behindertenrechtskonvention, des Deutschen Instituts für Menschenrechte, sollen bislang erst vier Länder die Weichen für die Umsetzung der schulischen Inklusion auf rechtlicher Ebene geschaffen haben (Bremen, Hamburg, Niedersachsen, Nordrhein-Westfalen)[8]. In anderen Ländern (zum Beispiel in Baden-Württemberg, Berlin, Schleswig-Holstein, Thüringen) seien die Umsetzungsgesetze in Vorbereitung oder zumindest für die nähere Zukunft angekündigt.

NRW hat eine lange Tradition des gemeinsamen Lernens

In Nordrhein-Westfalen gibt es bereits eine lange Tradition gemeinsamen Lernens, die unter dem Eindruck der Behindertenrechtskonvention fortentwickelt worden ist. Schon seit den 1980er-Jahren konnten Schüler mit und ohne Behinderungen im „Gemeinsamen Unterricht" zusammen lernen. Spätestens seit der Entscheidung des Bundesverfassungsgerichts vom 1997 ist geklärt, dass es einen Anspruch auf gemeinsamen Unterricht für Kinder und Jugendliche mit Behinderungen gibt, der realisiert werden muss, wenn dem keine personellen und sachlichen Gründe entgegenstehen[9].

Mit dem „Gesetz zur Weiterentwicklung der sonderpädagogischen Förderung in Schulen" wurde 1994 eine neue Rechtsgrundlage für den Unterricht behinderter Schülerinnen und Schüler geschaffen. In dem damaligen Schulpflichtgesetz wurde – dem 1994 in den Grundrechtekatalog des Grundgesetztes neu aufgenommenen Verbot der Benachteiligung Behinderter (Artikel 3 Absatz 3 GG) entsprechend – die sonderpädagogische Förderung gleichermaßen zum Auftrag der allgemeinen Schule wie der Sonderschule erklärt. Die gesetzliche Regelung ging davon aus, dass beide Schulsysteme

---

7 So enthält der am 1. Dezember 2010 ohne Gegenstimmen im NRW-Landtag beschlossene Antrag der Fraktionen von CDU, SPD und BÜNDNIS 90/DIE GRÜNEN die Festlegung „Eltern können weiterhin für ihr Kind eine Förderschule wählen." (LT-Drs. 115/680).
8 Siehe hierzu die sehr kritische Bestandsaufnahme in der auf dem Inklusionsgipfel der UNESCO am 19./20. März 2014 vorgestellten Vorabfassung der Studie des Deutschen Instituts für Menschenrechte „Inklusive Bildung: Schulgesetze auf dem Prüfstand" von Sven Mißling und Oliver Ückert.
9 BVerfG vom 8. Oktober 1997, 1 BvR 9/97.

als Orte sonderpädagogischer Förderung prinzipiell gleichwertig waren. Kinder und Jugendliche mit sonderpädagogischem Förderbedarf konnten seitdem grundsätzlich die allgemeine Schule besuchen. Diese Entwicklung wurde mit dem neuen einheitlichen Landesschulgesetz vom 15. Februar 2005 fortgesetzt[10]. Die Bezeichnung „Sonderschule" wurde aufgegeben und durch „Förderschule" ersetzt. Die Schulträger erhielten neue organisatorische Gestaltungsspielräume, um Förderschulen in gemeinsamer Form zusammenzuführen.

Im Jahr 2008 wurde der Schulversuch „Kompetenzzentren für sonderpädagogische För- derung im Bereich der Lern- und Entwicklungsstörungen" gestartet, der u.a. das Ziel hatte, Kinder und Jugendliche mit sonderpädagogischem Förderbedarf möglichst wohnortnah und integrativ zu beschulen. Kompetenzzentren gab es in 50 Pilotregionen ganz unterschiedlicher Größe und ganz unterschiedlicher Ausprägung.

Am 1. Dezember 2010 verabschiedete der nordrhein-westfälische Landtag ohne Gegenstimmen den Antrag „UN-Konvention zur Inklusion in der Schule umsetzen" (Drs. 15/26) der Fraktionen der CDU, der SPD und von BÜNDNIS 90/DIE GRÜNEN und bekannte sich damit zu dem Auftrag der Behindertenrechtskonvention ein inklusives Schulsystem zu entwickeln. So heißt es in dem Beschluss: „Kinder brauchen den Rechtsanspruch auf Inklusion" und: „Die allgemeine Schule ist der Regelförderort. Eltern können weiterhin für ihr Kind eine Förderschule wählen." Die Landesregierung wurde aufgefordert, unter Einbeziehung aller Beteiligten ein Umgestaltungskonzept zur Weiterentwicklung der sonderpädagogischen Förderung zu entwickeln.

Parallelität beider Systeme wird grundsätzlich beibehalten

Nachdem sich der Landtag zu der Frage, wie die Behindertenrechtskonvention im nordrhein-westfälischen Schulsystem umzusetzen sei, positioniert hatte, stellte das Schulministerium noch im Dezember 2010 klar, dass die geltenden rechtlichen Regelungen dort, wo Ermessensspielräume bestehen, im Sinne der Konvention auszulegen sind. Die Schulaufsichtsbehörden wurden vom Ministerium aufgefordert, wo immer es möglich ist, dem Wunsch von Eltern nach gemeinsamem Unterricht nachzukommen.

Im Sommer 2011 wurden die Empfehlungen der vom Schulministerium zur Vorbereitung des Gesetzgebungsvorhabens beauftragten Gutachter veröffentlicht[11]: Prof. Klaus Klemm und Prof. Ulf Preuss-Lausitz hatten eine Expertise zur Ausgestaltung

---

10 Der Landtag hatte zuvor die Landesregierung mit Beschluss vom 28. Mai 2003 aufgefordert, einen Gesetzentwurf zur Weiterentwicklung der sonderpädagogischen Förderung vorzulegen (Drucksache 13/3710).

11 „Kompetenzzentren für sonderpädagogische Förderung im Bereich von Lern- und Entwicklungsstörungen" von Prof. Dr. Rolf Werning.
„Auf dem Weg zur schulischen Inklusion in Nordrhein-Westfalen", Empfehlungen zur Umsetzung der Umsetzung der UN-Behindertenrechtskonvention im Bereich der allgemeinen Schulen von Prof. Dr. Klaus Klemm und Prof. Dr. Ulf Preuss-Lausitz.
Alle Gutachten sind von dem Ministerium im Internet unter der folgenden Adresse veröffentlicht worden: http://www.schulministerium.nrw.de

eines inklusiven Bildungssystems in Nordrhein-Westfalen erarbeitet; Prof. Rolf Werning hatte den Schulversuch „Kompetenzzentren für sonderpädagogische Förderung" mit Blick auf den Inklusionsprozess unter die Lupe genommen. Insbesondere das Gutachten Klemm/Preuss-Lausitz sorgte für zahlreiche Diskussionen und Spekulationen um die Zukunft von Förderschulen im Bereich der Lern- und Entwicklungsstörungen und um die Frage, ob Eltern künftig in allen Förderschwerpunkten eine Wahl zwischen allgemeiner Schule und Förderschule erhalten sollen. Die Empfehlung der beiden Wissenschaftler lautete, Förderschulen mit den Förderschwerpunkten „Lernen", „Emotionale und soziale Entwicklung" sowie „Sprache" schrittweise aufzulösen und die dort tätigen Lehrkräfte in die allgemeinen Schulen zu überführen. Innerhalb einer Frist von zehn Jahren sollte es nach ihrer Auffassung möglich sein, eine Inklusionsquote von 85 Prozent zu erreichen. Die Wissenschaftler begründeten dies pädagogisch-fachlich, aber auch ökonomisch und demografisch.

Der Vorschlag der Professoren fand im Landtag keine Zustimmung. Die Abgeordneten wollten die Parallelität beider Systeme grundsätzlich beizubehalten. Die allgemeine Schule sollte der Regelförderort sein, Eltern eines Kindes mit sonderpädagogischem Förderbedarf im Bereich der Lern- und Entwicklungsstörungen sollten sich aber auch für den Besuch einer Förderschule entscheiden können[12]. Zu der für den 14. März 2012 geplanten Beschlussfassung über einen entsprechenden Antrag der Koalitionsfraktionen von SPD und DIE GRÜNEN/BÜNDNIS 90, der weite Teile eines Positionspapiers der Fraktion der CDU aufgriff, kam es aber nicht mehr, da sich der Landtag an diesem Tag wegen des Scheiterns des durch die rot-grüne Minderheitsregierung eingebrachten Haushalts aufgelöste. Damit konnte die Entscheidung über den Weg zu einem inklusiven Schulsystem in Nordrhein-Westfalen erst in der nächsten Wahlperiode getroffen werden.

Inklusive schulische Bildung muss schrittweise wachsen

Mit den Stimmen der Koalitionsfraktionen SPD und BÜNDNIS 90/DIE GRÜNEN hat der nordrhein-westfälische Landtag am 16. Oktober 2013 in 2. Lesung bei namentlicher Abstimmung das „Erste Gesetz zur Umsetzung der VN-Behindertenrechtskonvention in den Schulen (9. Schulrechtsänderungsgesetz)" beschlossen[13]. Schulministerin Sylvia Löhrmann verteidigte bei der Schlussberatung das im Zuge der Ausschussberatungen nur an wenigen Stellen geänderte Gesetz: „Es schafft Rechte für die Eltern von Kindern mit Handicap, und es holt diese Eltern (...) endlich aus der ihrer Rolle als Bittsteller heraus". Und weiter: „Nach der Verabschiedung des Gesetzes wird es darauf ankommen, es mit Leben zu füllen". Die Umsetzung sei „kein

---

12 Positionspapier der Fraktion der CDU „Teilhabe erfordert Qualität – Inklusion im Bereich der Schule" vom 2. Dezember 2011; Antrag von SPD und BÜNDNIS 90/DIE GRÜNEN „Zusammen lernen – zusammen wachsen – Eckpunkte für den Weg zur inklusiven Schule in NRW" vom 15. Februar 2012 (Drucksache.15/4107).

13 Erstes Gesetz zur Umsetzung der VN-Behindertenrechtskonvention in den Schulen (9. Schulrechtsänderungsgesetz) vom 5. November 2013 (GV. NRW. 2013 S. 618).

Spaziergang, sondern eine anspruchsvolle Bergwanderung." Die Opposition aus CDU, FDP und PIRATEN stimmte gegen das Gesetz, das völlig unzureichend sei und mit dem die große Herausforderung Inklusion nicht gelingen werde[14].

Wesentliche Eckpunkte des 9. Schulrechtsänderungsgesetzes (2013)[15] sind:

✓ Entsprechend der Empfehlung der Kultusministerkonferenz werden sieben sonderpädagogische Förderschwerpunkte rechtlich verankert.

✓ Schüler mit und ohne Behinderungen werden in der Regel in allgemeinen Schulen gemeinsam unterrichtet und erzogen.

✓ Es gibt weiterhin Förderschulen, sofern hierfür ein Bedarf besteht.

✓ Für die zahlenmäßig kleine Gruppe der Schüler mit sonderpädagogischem Unterstützungsbedarf in den Förderschwerpunkten außerhalb der Lern- und Entwicklungsstörungen können insbesondere mit Blick auf die notwendige sächliche Ausstattung Schwerpunktschulen für das Gemeinsame Lernen eingerichtet werden.

✓ Das Antragsrecht zur Durchführung eines Verfahrens zur Feststellung eines Bedarfs an sonderpädagogischer Unterstützung liegt grundsätzlich bei den Eltern.

✓ Wenn ein (förmlich festgestellter) Bedarf an sonderpädagogischer Unterstützung besteht, schlägt die Schulaufsichtsbehörde den Eltern mit Zustimmung des Schulträgers mindestens eine möglichst gut erreichbare allgemeine Schule vor, an der ein Angebot des Gemeinsamen Lernens eingerichtet ist.

✓ Unberührt bleibt, dass die Schulaufsichtsbehörde den Eltern außer der allgemeinen Schule auch eine Förderschule vorschlagen kann und dass die Eltern für ihr Kind auch eine allgemeine Schule wählen können.

---

14 Plenarprotokoll 16/41, S. 3790 ff.
15 Die Novelle beruht auf dem Gesetzentwurf der Landesregierung für eine „Erstes Gesetz zur Umsetzung der VN-Behindertenrechtskonvention in den Schulen (9. Schulrechtsänderungsgesetz)" vom 21. März 2013 (Lt. Drs. 16/2431 – Neudruck). Der Landtag hatte die Landesregierung mit Beschluss vom 4. Juli 2012 (LT-Drs. 16/118) gebeten, zeitnah einen Gesetzentwurf vorzulegen.
    Zur Vorbereitung hatte das Ministerium für Schule und Weiterbildung des Landes Nordrhein-Westfalen folgende Gutachten in Auftrag gegeben:
    „Kompetenzzentren für sonderpädagogische Förderung im Bereich von Lern- und Entwicklungsstörungen" von Prof. Dr. Rolf Werning.
    „Gutachten zur Konnexitätsrelevanz einer Umsetzung der UN-BRK in nordrhein-westfälisches Landesrecht" von Prof.Dr. Kyrill-A. Schwarz.
    „Auf dem Weg zur schulischen Inklusion in Nordrhein-Westfalen", Empfehlungen zur Umsetzung der Umsetzung der UN-Behindertenrechtskonvention im Bereich der allgemeinen Schulen von Prof. Dr. Klaus Klemm und Prof. Dr. Ulf Preuss-Lausitz.
    Alle Gutachten sind von dem Ministerium im Internet unter der folgenden Adresse veröffentlicht worden: http://www.schulministerium.nrw.de/docs/Schulsystem/Inklusion/Auf-dem-Weg-zur-inklusiven-Schule/index.html

✓ Die Einrichtung eines Angebots des Gemeinsamen Lernens in einer allgemeinen Schulen bedarf der Zustimmung des jeweiligen Schulträgers. Sie darf nur ein einem begründeten Ausnahmefall verweigert werden.

✓ Die Verpflichtung der Schulträger wird verdeutlicht, inklusive Schulangebote zu errichten und fortzuführen.

Das 9. Schulrechtsänderungsgesetz versteht sich als ein erster Schritt zur Umsetzung der Behindertenrechtskonvention. Weder das Land noch die kommunalen Schulträger und die Schulen sowie die am Schulleben Beteiligten sollen überfordert werden.

Streit um Kostenfolgen für die Kommunen wird beigelegt

Ein das gesamte Gesetzgebungsverfahren belastender Streit über die mit der Umsetzung der Behindertenrechtskonvention möglicherweise verbundenen Kosten für die Kommunen konnte beigelegt werden. Die Kommunalen Spitzenverbände betonten, dass sie der Inklusion grundsätzlich positiv gegenüberstehen, dass sie aber zusätzliche Kosten in dreistelliger Millionenhöhe auf die Kommunen zukommen sehen, für die sie vom Land einen Ausgleich verlangten. Die Landesregierung hielt die Forderung für unbegründet. Gleichsam in letzter Minute wurde zwischen den Koalitionsfraktionen von SPD und BÜNDNIS 90/DIE GRÜNEN und den Spitzenverbänden am 15. Oktober 2013 und damit erst ein Tag vor der 2. Lesung des Gesetzentwurfs verabredet, die Finanzierungsfrage später zu klären. Letztlich einigte man sich auf folgenden Kompromiss[16]:

✓ Das Land erkennt die Konnexität hinsichtlich der inklusionsbedingten Mehraufwendungen der Städte und Gemeinden als Schulträger an (zusätzlicher Raumbedarf, Herstellung von Barrierefreiheit, zusätzliche Lehrmittel).

✓ Ab dem Schuljahr 2014/2015 erhalten die Kommunen für diese Aufwendungen über fünf Jahre einen pauschalierten Ausgleich in Höhe von jährlich 25 Millionen Euro (Korb 1). Die Verteilung erfolgt auf der Grundlage der Schülerzahlen der allgemeinen Schulen.
Um die Befürchtung der Kommunen Rechnung zur tragen, diese Mittel könnten möglicherweise nicht ausreichen, wird in den Jahren 2015 bis 2017 eine jährliche Überprüfung der kommunalen Aufwendungen stattfinden.

✓ Als freiwillige Leistung wird den Kommunen unbefristet eine Inklusionspauschale von jährlich 10 Millionen Euro zur zusätzlichen Unterstützung der Schulen durch nichtlehrendes Personal zur Verfügung gestellt (sogenannter Korb 2). Ausgeschlossen wird eine Verwendung dieser Mittel zur Finanzierung von Individualansprüchen gegen Träger der örtlichen Sozial- und Jungendhilfe (Integrationshilfe).

---

16 Plenarprotokoll 16/57 vom 10. April 2014 „Unterrichtung durch die Landesregierung – Ergebnis der Verhandlungen mit den kommunalen Spitzenverbänden über einen Ausgleich möglicher finanzieller Auswirkungen einer zunehmenden Inklusion im Zuge der Umsetzung des 9. Schulrechtsänderungsgesetzes".

✓ Die Aufwendungen der Kommunen für Integrationshilfe an Schulen werden in den Jahren 2015 bis 2017 jährlich und danach alle drei Jahre untersucht.

Diese Vereinbarung wurde durch ein Leistungsgesetz umgesetzt, dass zeitgleich mit dem 9. Schulrechtsänderungsgesetz am 1. August 2014 in Kraft trat[17].

Rahmenbedingungen für die schulische Inklusion

Mit dem Gesetzentwurf zur Umsetzung der Behindertenrechtskonvention in Schulen hat die Landesregierung ein Konzept zur Finanzierung und für notwendige Begleitmaßnahmen vorgelegt[18]. Dabei ging es um zentrale Fragen, die in weiten Teilen bis zum Inkrafttreten der 9. Schulrechtsänderungsgesetzes (2013) zum Beginn des Schuljahres 2014/2015 geklärt werden mussten. Im Mittelpunkt stand wie stets die finanzielle Ausstattung der Schulen. Von den Verbänden ist von Beginn an kritisiert worden, dass es den Schulen bei der Inklusion an allen Ecken und Ecken fehle: personell, zeitlich und in der Ausstattung. Schulministerin Silvia Löhrmann hat dem entgegengehalten, dass das Land bei der Bildung einen klaren Investitionsschwerpunkt gesetzt hat und die schulische Inklusion mit 3.200 zusätzlichen Lehrerstellen unterstützt [19]. In diesem Rahmen seien auch Doppelbesetzungen möglich, jedoch nicht, wie von den Verbänden gefordert, durchgängig in allen Unterrichtsstunden der Stundentafel.

Außer der zusätzlichen Stellenausstattung für allgemeine Schulen ging es um Fragen wie die Bedarfsermittlung für Lehrerstellen, die Einführung eines Stellenbudgets für den Bereich der Lern- und Entwicklungsstörungen, die Ausbildung und Fortbildung von Lehrkräften, die Mindestgrößen von Förderschulen und nicht zuletzt um die finanziellen Auswirkungen auf Ersatzschulen. Zeitnah an die neuen schulgesetzlichen Vorgaben anzupassen waren zudem eine Reihe von Ausbildungs- und Prüfungsordnungen und zahlreiche Verwaltungsvorschriften.

Für Eltern und Lehrkräfte besonders bedeutend war die Novellierung der Ausbildungsordnung sonderpädagogische Förderung[20].

Die neuen schulgesetzlichen Regelungen zur schulischen Inklusion in §§ 19, 20 SchulG sind darauf gerichtet, die allgemeine Schule als Ort zu bestimmen, an dem die sonderpädagogische Förderung in der Regel stattfindet. Diese gesetzliche Vorgabe führte dazu, dass Aufbau und Gliederung der Verordnung zu ändern waren.

---

17 Gesetzes zur Förderung kommunaler Aufwendungen für die schulische Inklusion in Nordrhein-Westfalen vom 9. Juli 2014 (GV. NRW. S. 404), BASS 11-02, Nr. 28.

18 Siehe das Vorblatt (Teil D) des Gesetzentwurfs der Landesregierung für eine Erstes Gesetz zur Umsetzung der VN-Behindertenrechtskonvention in den Schulen (9. Schulrechtsänderungsgesetz), vom 12. März 2013, LT-Drs. 16/2432 – Neudruck.

19 Silvia Löhrmann, Landesregierung setzt bei der Bildung einen klaren Investitionsschwerpunkt, SchVw NRW, 6/2015, S. 164.

20 Achte Verordnung zur Änderung der Ausbildungsordnung sonderpädagogische Förderung vom 29. September 2014 (GV. NRW. S. 608).

Außerdem war das Verfahren zur Entscheidung über Bedarf an sonderpädagogischer Unterstützung, Förderschwerpunkte und Förderort zu ändern (§§ 10 ff. AO-SF). Die Eltern selbst stellen nun den Antrag auf Eröffnung des Verfahrens. Die Schulaufsichtsbehörde ermittelt mit Hilfe von Gutachten den Förderbedarf. Sie schlägt den Eltern mit Zustimmung des Schulträgers mindestens eine allgemeine Schule vor, an der sie ihr Kind anmelden können. Aber keine Regel ohne Ausnahme. In bestimmten Fällen, die bereits das Schulgesetz regelt, kann das Verfahren auf Antrag der Schule eröffnet werden. Entscheidungen über den Förderort gegen den Willen der Eltern sind möglich, aber nur unter eng formulierten Voraussetzungen.

Die Vorschriften für die Ordnung der zieldifferenten Bildungsgänge Lernen (§§ 33 ff. AO-SF) und Geistige Entwicklung (§§ 36 ff. AO-SF) sind so gefasst worden, dass sie nicht nur für den Lernort Förderschule sondern auch für den Lernort allgemeine Schule gelten. Soweit sich die Unterrichtsorganisation unterscheidet, ist dies in der Verordnung deutlich gemacht worden.

Da Zeugnisse transparent und rechtsklar sein müssen, enthalten sie auch Aussagen zur sonderpädagogischen Förderung und zum Bildungsgang (§ 21 Absatz 6 AO-SF). Dies hat besondere Bedeutung bei dem Besuch einer allgemeinen Schule.

Ausblick

Mit der Einigung zwischen dem Land und den Kommunalen Spitzenverbänden über die Finanzierung der inklusionsbedingten Mehraufwendungen für die Kommunen wurde das letzte große Hindernis vor dem Start für das Gemeinsame Lernen zum Schuljahr 2014/15 beseitigt[21]. Es bleibt nun abzuwarten, wie die Schulträger – auch die Träger der privaten Ersatzschulen – ihr Schulangebot unter dem Eindruck der neuen Regelungen gestalten und wie sich die Eltern und die Schulen verhalten. Abzuwarten bleibt auch, ob sich die paradoxe Entwicklung fortsetzt, dass im Zuge des Ausbaus des Gemeinsamen Lernens die Zahl der Schüler mit sonderpädagogischem Förderbedarf erhört[22]. Letztlich bleibt zu hoffen, dass sich alle Beteiligten trotz vieler berechtigter Sorgen nicht zu schwer tun und die mit dem Ausbau der inklusiven Bildung verbundenen Herausforderungen annehmen.

---

21 Im Sommer 2015 wurde dieser Konsens vom Städte- und Gemeindebund NRW aufgekündigt: 52 kreisangehörige Städte und Gemeinden erhoben wegen der Kosten der schulischen Inklusion eine kommunale Verfassungsbeschwerde. Die beschwerdeführenden Kommunen machen geltend, das 9. Schulrechtsänderungsgesetz verletze die Vorschriften der Landesverfassung über das Recht der gemeindlichen Selbstverwaltung. (Pressemitteilung des Verfassungsgerichtshofs für das Land Nordrhein-Westfalen vom 3. August 2015)

22 In der Pressemeldung der Bertelsmann Stiftung vom 9. April 2014 „Trotz erkennbarer Fortschritte: Inklusion ist gefährdet" wurde über eine Studie dieser Stiftung berichtet, wonach es in Deutschland immer mehr Kinder mit besonderem Förderbedarf gibt. Seit der Ratifizierung der VN-BRK vor fünf Jahren sei bei 10 Prozent mehr Schülerinnen und Schülern bis zur zehnten Klasse besonderer Förderbedarf festgestellt worden.

II. Inklusive Bildung von A bis Z

Abschlüsse

In §§ 21 ff. AO-SF wird bestimmt, zu welchen Abschlüssen der Unterricht in den einzelnen Förderschwerpunkten führt. Dabei kommt es nicht auf den → Förderort an: die Regelungen über die Erteilung von Abschlüssen an Schüler mit einem → Bedarf an sonderpädagogischer Unterstützung gelten sowohl für den Unterricht an → allgemeinen Schulen als auch an → Förderschulen.

Schüler mit Bedarf an sonderpädagogischer Unterstützung, die nach den Unterrichtsvorgaben der allgemeinen Schulen unterrichtet werden (→ zielgleiche Förderung), werden zu den Abschlüssen der allgemeinen Schulen geführt (§ 19 Absatz 3 iVm §§ 12 Absatz 1 bis 3, 18 Absatz 4 SchulG).

Schüler mit Bedarf an sonderpädagogischer Unterstützung, die nicht nach den Unterrichtsvorgaben der allgemeinen Schule unterrichtet werden (→ zieldifferente Förderung), werden in besonderen → Bildungsgängen zu eigenen Abschlüssen geführt (§§ 12 Absatz 4, 19 Absatz 4 Satz 1 SchulG). Dies betrifft die Förderschwerpunkte → Lernen und → Geistige Entwicklung (§ 19 Absatz 4 SchulG).

Für den zieldifferenten *Bildungsgang Lernen* gilt Folgendes:
✓ Der Bildungsgang führt in der Klasse 10 zu dem „Abschluss des Bildungsgangs Lernen" (§§ 29 Absatz 1 Satz 1, 35 Absatz 2 AO-SF).
✓ In einem besonderen Bildungsgang in der Klasse 10 kann auch ein dem Hauptschulabschluss (nach Klasse 9) gleichwertiger Abschluss erworben werden (§ 19 Absatz 4 Satz 3 SchulG, §§ 29 Absatz 1 Satz 2, 35 Absatz 3 bis 7 AO-SF).
✓ Schüler, die ihre Vollzeitschulpflicht erfüllt haben und die Schule vor der Klasse 10 verlassen, erhalten ein Zeugnis, das die erworbenen Kenntnisse, Fähigkeiten und Fertigkeiten bescheinigt (§ 35 Absatz 1 AO-SF).

Für den zieldifferenten *Bildungsgang Geistige Entwicklung* gilt Folgendes:
✓ Der Schüler erhält am Ende der Schulbesuchszeit ein Abschlusszeugnis, das die erworbenen Kenntnisse, Fähigkeiten und Fertigkeiten bescheinigt (§ 30 Absatz 1, 41 Absatz 3 AO-SF).

Die vorgenannten besonderen Regelungen für den Erwerb von Abschlüssen bei einer zieldifferenten Förderung gelten auch für Schüler mit einem Bedarf an sonderpädagogischer Unterstützung in dem Förderschwerpunkt Lernen oder dem Förderschwerpunkt Geistige Entwicklung, bei denen daneben weitere Förderschwerpunkte festgestellt worden sind (§ 19 Absatz 4 Satz 2 SchulG).

Allgemeine Schulen

Allgemeine Schulen sind die → allgemeinbildenden Schulen und die → Berufskollegs ohne → Förderschulen.

Allgemeinbildende Schulen

Allgemeinbildende Schulen sind alle Schulformen der Primarstufe, Sekundarstufe I und Sekundarstufe II einschließlich der → Förderschulen.

Anlaufstelle

Die Staatliche Anlaufstelle (Focal Point) zur Umsetzung der → Behindertenrechtskonvention ist beim Bundesministerium für Arbeit und Soziales (BMAS) angesiedelt. Sie ist entsprechend Artikel 33 Absatz 1 VN-BRK die verantwortliche Stelle für den Steuerungsprozess der Umsetzung der Behindertenrechtskonvention auf Bundesebene: *http://www.bmas.de/DE/Schwerpunkte/Nationaler-Aktionsplan/inhalt.html*

Die Staatliche Anlaufstelle (Focal Point) für Nordrhein-Westfalen ist im Ministerium für Arbeit, Integration und Soziales des Landes Nordrhein-Westfalen (MAIS) eingerichtet: *http://www.mais.nrw.de*

Anmeldeverfahren

Besondere Bedeutung kommt dem Anmeldeerfahren für Schüler mit einem → Bedarf an sonderpädagogischer Unterstützung zu. Es ist so ausgestaltet, dass diese Kinder einen Platz an einer → allgemeinen Schule finden. Für die Anmeldung und die → Aufnahme gilt sowohl bei der Einschulung als auch beim Übergang in eine weiterführende Schule der Grundsatz, dass alle Kinder gleich zu behandeln sind, solange nicht in einem förmlichen Verfahren festgestellt wurde, dass sie besonderer sonderpädagogischer Unterstützung bedürfen.

Kinder mit einem förmlich festgestelltem Bedarf an sonderpädagogischer Unterstützung haben bei der Einschulung einen Anspruch auf Aufnahme in die von der Schulaufsicht vorgeschlagene, ihrer Wohnung nächstgelegene Grundschule der gewünschten Schulart, an der mit Zustimmung des Schulträgers → Gemeinsames Lernen eingerichtet ist (§ 1 Absatz 2 AO-GS). Dabei handelt es sich insbesondere um Kinder mit einer Sinnesbehinderung, Körperbehinderung oder geistigen Behinderung. → Feststellungsverfahren im Bereich der Förderschwerpunkte → Lernen und → Emotionale und soziale Entwicklung werden in der Regel nicht vor der Einschulung sondern erst im Verlauf des Schulbesuchs durchgeführt und sind daher für die Aufnahme in die Grundschule noch nicht maßgeblich (§ 12 Absatz 3 AO-SF).

Das Anmeldeverfahren für Grundschulen ist in Abstimmung mit dem Schulträger so zu gestalten, dass Aufnahmeansprüche der Kinder mit förmlich festgestelltem Förderbedarf hinreichend berücksichtigt werden können. Feststellungsverfahren sind daher so zügig durchzuführen, dass sie noch bei den Aufnahmeentscheidungen berücksichtigt werden können.

Sofern sich bereits bei der Anmeldung zur Grundschule bei einem Kind Anzeichen dafür ergeben, dass möglicherweise ein Bedarf an sonderpädagogischer Unterstützung im Bereich der → Lern- und Entwicklungsstörungen besteht, ist – wenn die Eltern dies wünschen – zu prüfen, ob ihnen eine Grundschule empfohlen werden kann, an der Gemeinsames Lernen für diese Förderschwerpunkte eingerichtet ist und an der noch Aufnahmekapazitäten frei sind.

Beim Übergang auf eine weiterführende Schule ist zeitgleich mit dem allgemeinen Aufnahmeverfahren ein eigenständiges Aufnahmeverfahren für Kinder mit Bedarf an sonderpädagogischer Unterstützung durchzuführen, sofern an der Schule Gemeinsames Lernen eingerichtet und eine → Aufnahmekapazität bestimmt ist (§ 1 Absatz 4 APO-S I und die dazu erlassenen Verwaltungsvorschriften).

Ist die für Schüler mit Bedarf an sonderpädagogischer Unterstützung bestimmte Aufnahmekapazität nach Durchführung des Aufnahmeverfahrens noch nicht ausgeschöpft, so können freibleibende Plätze von der Schulleitung erst dann an Schüler ohne Bedarf an sonderpädagogischer Unterstützung vergeben werden, wenn alle Schüler mit förmlich festgestelltem sonderpädagogischem Unterstützungsbedarf im Gebiet des Schulträgers, für die eine allgemeine Schule als → Förderort vorgeschlagen ist, an einer Schule aufgenommen worden sind.

Im Übrigen gilt, dass bei einer → zielgleicher Förderung die Eltern beim Übergang in die weiterführende die Schulform für ihr Kind wählen können. (§ 8 Absatz 4 AO-GS iVm § 1 Absatz 1 APO SI). Die Wahlmöglichkeit zwischen den verschiedenen Schulformen der Sekundarstufe I und den einzelnen Schulen einer Schulform ist wie bei Kindern ohne Bedarf an sonderpädagogischer Unterstützung allein durch Aufnahmekapazität der Schule begrenzt.

Anders sieht es bei → zieldifferenter Förderung aus. Dabei fehlt es an der Grundlage für die Ausübung des Wahlrechts, da förmlich festgestellt worden ist, dass das Kind nicht nach den Unterrichtsvorgaben einer allgemeinen Schule unterrichtet werden kann.

Antragsrecht der Eltern

Eltern befürchten häufig, dass mit der Feststellung eines → Bedarfs an sonderpädagogischer Unterstützung eine Stigmatisierung ihres Kindes einhergeht. Dies gilt insbesondere dann, wenn es sich um einen Förderschwerpunkt im Bereich der → Lern- und Entwicklungsstörungen handelt. Deshalb ist durch das 9. Schulrechtsänderungsgesetz (2013) die Position der Eltern gestärkt worden (§ 19 Absatz 5 Satz 1 SchulG). Grundsätzlich sind sie es, die einen Antrag auf Eröffnung eines → Feststellungsverfahrens stellen und damit ihren Willen bekunden, für ihr Kind → sonderpädagogische Förderung zu erreichen (§ 11 AO-SF).

Ein → Feststellungsverfahren wird von der Schulaufsichtsbehörde jedoch nur dann eröffnet, wenn inkonkrete Anhaltspunkte dafür bestehen, dass der Schüler sonderpädagogischer Unterstützung bedarf (§ 10 Absatz 1 AO-SF).

Antragsrecht der Schule

Eine → allgemeine Schule kann jetzt nur noch in besonders gelagerten Ausnahmefällen einen Antrag auf Einleitung eines → Feststellungsverfahrens für einen ihrer Schüle stellen (§ 19 Absatz 7 SchulG, § 12 AO-SF). Sie hat ihren Antrag in jedem Einzelfall gegenüber der Schulaufsichtsbehörde zu begründen und substantiiert darzulegen, dass Anhaltspunkte für einen Bedarf an sonderpädagogischer Unterstützung bestehen und dass sie alle Fördermöglichkeiten ausgeschöpft hat (§ 12 Absatz 2 AO-SF). Ansonsten wird das Feststellungsverfahren von der Schulaufsichtsbehörde nicht eröffnet. Die Eltern können hingegen jederzeit einen Antrag auf Eröffnung eines Feststellungsverfahrens stellen können (siehe → Antragsrecht der Eltern).

Der Gesetzgeber nennt in § 19 Absatz 7 SchulG und § 12 Absatz 1 AO-SF beispielhaft zwei Fallgestaltungen in denen die Schule weiterhin ein Antragsrecht hat. Daneben kann es weitere Einzelfälle geben, in denen eine Schule auch gegen den Willen der Eltern einen entsprechenden Antrag stellen kann.

Die Schule kann nach Nummer 1 die Durchführung eines Feststellungsverfahrens beantragen, wenn Lehrkräfte feststellen, dass ein Schüler nicht → zielgleich unterrichtet werden kann.

Dies wird insbesondere dann der Fall sein, wenn Eltern trotz Beratung durch die Schule keine Bereitschaft zeigen, im Interesse ihres Kindes selbst initiativ zu werden und einen Antrag auf Einleitung eines Feststellungsverfahrens für den Förderschwerpunkt Geistige Entwicklung oder den Förderschwerpunkt Lernen zu stellen.

Bei einem vermuteten Bedarf an sonderpädagogischer Unterstützung im Förderschwerpunkt Geistige Entwicklung (§ 5 AO-SF) gilt das Schulantragsrecht von der Einschulung an.

Bei einem vermuteten Bedarf an sonderpädagogischer Unterstützung im Förderschwerpunkt Lernen (§ 4 AO-SF) ist das Antragsrecht dagegen zeitlich eingeschränkt: Eine Grundschule kann einen Antrag auf Einleitung eines Feststellungsverfahrens für diesen Förderschwerpunkt in der Regel erst zum Ende der bis zu drei Schulbesuchsjahre umfassenden → Schuleingangsphase stellen (§ 19 Absatz 7 Satz 2 SchulG, § 12 Absatz 3, 1. Halbsatz AO-SF). Nach dem Abschluss der Klasse 6 kann eine Schule keinen Antrag für den Förderschwerpunkt Lernen mehr stellen (§ 12 Absatz 3, 2. Halbsatz AO-SF).

Für diese zeitliche Einschränkung sind folgende Gründe maßgebend: Die Schuleingangsphase ist zum Schuljahr 2005/06 eingeführt worden, um Kinder besser als zuvor in einem ihnen vertrauten Lernumfeld individuell zu fördern (§ 11 Absatz 2 SchulG, § 2 Absatz 2 AO-GS). Dies gilt vor allem für Kinder, die besonderer Unterstützung bedürfen, um erfolgreich im Unterricht mitarbeiten zu können (§§ 3 Absätze 2 und 4 AO-GS). Zugleich kann die Schuleingangsphase genutzt werden, um ohne Zeitdruck zu bedenken, ob ein Kind zwingend eine zieldifferente Förderung im Förderschwerpunkt Lernen benötigt. Erst bei der Versetzung in Klasse 3 muss die Schule sich entscheiden, ob ein Schüler die in den Lehrplänen der Grundschule beschriebenen Kompetenzen erworben hat (§ 7 Absatz 4 AO-GS). Ist dies bei einem Kind auch nach drei Schulbesuchsjahren nicht der Fall, verbleibt es nicht weiter in der Schuleingangsphase, wird aber künftig „zieldifferent" gefördert.

Das heißt, dass es nicht mehr nach den Lehrplänen der Grundschule, sondern nach individuell entwickelten Förderplänen unterrichtet wird. Wegen der weitreichenden Auswirkungen auf die Schullaufbahn, die bis zur Nichterteilung von Abschlüssen gehen können, ist diese Entscheidung der Schulaufsichtsbehörde vorbehalten.

Eine Initiative zur Durchführung eines Feststellungsverfahrens kann nach Nummer 2 von der allgemeinen Schule ferner bei einem vermuteten Bedarf an sonderpädagogischer Unterstützung im **Förderschwerpunkt** → Emotionale und soziale Entwicklung ausgehen, der mit einer → Selbst-oder Fremdgefährdung einhergeht (siehe auch § 12 Absatz 1 Nummer 2 AO-SF). Dies ermöglicht es, ein Schülerin oder eine Schüler mit außergewöhnlichen komplexen Verhaltensschwierigkeiten zur eigenen Sicherheit oder zum Schutz Anderer einer Förderschule oder einem schulischen Lernort zuzuweisen. Dies gilt in Ausnahmefällen auch nach Abschluss der Klasse 6 (§ 12 Absatz 3 AO-SF).

Aufnahme in die Schule

Die Anmeldung eines Schülers mit einem → Bedarf an sonderpädagogischer Unterstützung an einer Schule bedeutet noch nicht, dass er dort aufgenommen wird. Dies entscheidet wie bei allen anderen Schülern die Schulleitung (§ 46 Absatz 1 SchulG).

Sofern die Eltern sich für eine ihnen von der Schulaufsichtsbehörde vorgeschlagene Schule entscheiden, können sie allerdings damit rechnen, dass ihr Kind dort aufgenommen wird (§ 16 Absatz 3 AO-SF). Es ist Aufgabe der Schulaufsichtsbehörde dies zuvor mit der Schule und dem Schulträger zu klären.

Die Eltern können ihr Kind allerdings auch an einer anderen Schule mit einem Angebot zum → Gemeinsamen Lernen oder einer Förderschule anmelden(§ 16 Absatz 4 AO-SF). Voraussetzung für die Aufnahme ist, dass an der Schule die personellen und sächlichen Voraussetzungen für eine → sonderpädagogische Förderung gegeben sind. Die Aufnahme bedarf deswegen der vorherigen Zustimmung der Schulaufsichtsbehörde (§ 16 Absatz 5 AO-SF). Diese hat wiederum die Zustimmung des Schulträgers einzuholen.

Wenn Eltern ihr Kind nicht zu einer Schule anmelden, veranlasst die Schulaufsichtsbehörde die Aufnahme in eine Schule (§ 16 Absatz 6 AO-SF).

Aufnahmekapazität

Die Aufnahmekapazität einer Schule der Sekundarstufe I richtet sich nach den Rahmenfestlegungen des Schulträgers und den Vorschriften zu den Klassengrößen der Verordnung zur Ausführung des § 93 Absatz 2 SchulG (§ 1 Absatz 1 APO-S I).

Die Bestimmung der Aufnahmekapazität für Schüler mit förmlich festgestelltem Bedarf an sonderpädagogischer Unterstützung an einer Schule der Sekundarstufe I erfolgt rechtzeitig vor Beginn des → Anmeldeverfahrens im Einvernehmen zwischen Schulträger und Schulaufsicht (§ 1 Absatz 4 APO-S I).

Autismus-Spektrum-Störungen

Bei Autismus-Spektrum-Störungen handelt es sich um tief greifende Entwicklungsstörungen. Sie liegen vor, wenn die Beziehungs- und Kommunikationsfähigkeit schwer beeinträchtigt und das Repertoire von Verhaltensmustern, Aktivitäten und Interessen deutlich eingeschränkt und verändert ist (§ 42 Absatz 1 AO-SF). Es gibt sie in verschiedenen Ausprägungen, mit verschiedenen Symptomen und verschiedenen Schweregraden. Dabei sind die Grenzen fließend.

Autismus-Spektrum-Störungen bilden keinen eigenständigen → Förderschwerpunkt (§ 42 Absatz 3 Satz 1 AO-SF). Der betroffene Schüler ist vielmehr von der Schulaufsichtsbehörde im Rahmen des Verfahrens zur Feststellung eines Bedarfs an sonderpädagogischer Unterstützung einem bestimmten Förderschwerpunkt zuzuordnen. Hierbei ist jeder Einzelfall genau zu würdigen. Von dem festgestellten Förderschwerpunkt hängt ab, ob der Unterricht (→ zielgleich) zu den Abschlüssen der → allgemeinen Schulen oder (→ zieldifferent) zu den Abschlüssen im Bildungsgang → Lernen oder im Bildungsgang → Geistige Entwicklung führt (§ 42 Absatz 3 Satz 2 AO-SF).

Voraussetzung für die Durchführung eines Feststellungsverfahrens ist bei Autismus-Spektrum-Störungen im Interesse einer sicheren Prognose in jedem Fall ein medizinisches Gutachten der unteren Gesundheitsbehörde (§ 42 Absatz 2 iVm § 13 Absatz 3 AO-SF).

Siehe auch die Empfehlungen der Kultusministerkonferenz zu Erziehung und Unterricht von Kindern und Jugendlichen mit autistischem Verhalten vom 16. Juni 2000: *http://www.kmk.org/fileadmin/veroeffentlichungen_beschluesse/2000/2000_06_16-Empfehlung-autistisches-Verhalten.pdf*

Bedarf an sonderpädagogischer Unterstützung

Bedarf an sonderpädagogischer Unterstützung entsteht, wenn die zuständige Schulaufsichtsbehörde in einem → Feststellungsverfahren förmlich festgestellt hat, dass eine → Behinderung oder eine → Lern- und Entwicklungsstörung sonderpädagogische Förderung im Unterricht erforderlich macht (§ 19 Absatz 5 SchulG, § 14 AO-SF).

Bei Bedarf an sonderpädagogischer Unterstützung in mehreren → Förderschwerpunkten bestimmt die Schulaufsichtsbehörde den vorrangigen Förderschwerpunkt (§ 14 Absatz 3 AO-SF).

In der Primarstufe kann ein Kind sonderpädagogisch gefördert werden, ohne das zuvor der Förderbedarf förmlich festgestellt worden ist (§§ 17 Absatz 6, 21 Absatz 7 AO-SF). Die Schule empfiehlt in einem solchen Fall den Eltern, bei der → Anmeldung zur weiterführenden Schule den für ihr Kind erstellen individuellen → Förderplan vorzulegen.

Bei einer *Lese-Rechtschreib-Schwäche* handelt es sich schulrechtlich weder um eine Behinderung noch um einen Umstand, der allein einen Bedarf an sonderpädagogischer Unterstützung begründet. Dies gilt auch für besondere Schwierigkeiten im Rechnen

(Rechenschwäche). Nordrhein-Westfalen folgt damit den Empfehlungen der Kultusministerkonferenz in dem Beschluss „Grundsätze zur Förderung von Schülerinnen und Schülern mit besonderen Schwierigkeiten im Lesen und Rechtsscheiben oder Rechnen" vom 4. Dezember 2003 in der Fassung vom 15. November 2008. In diesem Beschluss verzichtet die Kultusministerkonferenz auf einen pathologisierenden Sprachgebrauch: Begriffe wie Legasthenie oder Dyskalkulie werden bewusst nicht verwendet. Der Beschluss findet sich unter folgendem Link:

http://www.kmk.org/fileadmin/veroeffentlichungen_beschluesse/2003/2003_12_04-Lese-Rechtschreibschwaeche.pdf

Behindertenrechtskonvention

Das Übereinkommen der Vereinten Nationen vom 13. Dezember 2006 über die Rechte von Menschen mit Behinderungen (Behindertenrechtskonvention – VN-BRK) basiert auf den zentralen Menschenrechtsabkommen der Vereinten Nationen und konkretisiert die dort verankerten Menschenrechte für die Lebenssituation von Menschen mit Behinderungen. Das mit dem Übereinkommen verfolgte Ziel ist, den vollen und gleichberechtigten Genuss aller Menschenrechte und Grundfreiheiten durch alle Menschen mit Behinderungen zu fördern, zu schützen und zu gewährleisten und die Achtung der ihnen innewohnenden Würde zu fördern (Artikel 1 Absatz 1 VN- BRK).

Die Behindertenrechtskonvention verbietet die Diskriminierung von Menschen mit Behinderungen in allen Lebensbereichen und garantiert ihnen die bürgerlichen, politischen, wirtschaftlichen, sozialen und kulturellen Menschenrechte. Behinderung wird von der Konvention als normaler Bestandteil des menschlichen Lebens verstanden.

Das Übereinkommen ist am 30. März 2007 von Deutschland unterzeichnet worden, im Dezember 2008 durch Bundestag und Bundesrat ratifiziert und mit Hinterlegung der Ratifikationsurkunde am 24. Februar 2009 seit dem 26. März 2009 als Bundesgesetz Bestandteil des innerstaatlichen deutschen Rechts (BGBl 2008 II, 1419). Der amtliche Text der deutschen Übersetzung war zuvor zwischen Deutschland, Liechtenstein, Österreich und der Schweiz abgestimmt worden.

Adressaten der Verpflichtungen, die sich aus der Behindertenrechtskonvention ergeben, sind die Parlamente der Bundesrepublik Deutschland und der Länder, welche das Übereinkommen im Rahmen der verfassungsmäßigen Ordnung umzusetzen haben. Für die schulische Bildung sind dies die Länder.

Artikel 24 VN-BRK, der das Recht auf Bildung regelt, ist durch das 9. Schulrechtsänderungsgesetz (2013) in das nordrhein-westfälische Schulrecht transformiert worden.

Den deutschen Text der Behindertenrechtskonvention findet sich (auch in Gebärdensprache und als Sprachausgabe) auf den Webseiten des Bundesministeriums für Arbeit und Soziales: *http://www.bmas.de/DE/Startseite/start.html*

Behinderung

Einer Behinderung folgt nicht in jedem Fall ein umfassender → Bedarf an sonderpädagogischer Unterstützung. Nur wer aufgrund einer Behinderung besonderer

Unterstützung bedarf, um in der Schule erfolgreich mitarbeiten zu können, wird sonderpädagogisch gefördert (§ 19 Absatz 1 SchulG).

Weder die Schule noch die Schulaufsichtsbehörde haben die Aufgabe, eine Behinderung nach medizinischen Maßstäben oder nach Maßgabe der Sozialgesetzgebung festzustellen (vgl. §§ 5 bis 8 AO-SF).

Bei dem → Feststellungsverfahren nach Maßgabe der §§ 10 ff. AO-SF geht es dementsprechend nicht darum, Behinderungen zu attestieren, sondern allein um ein pädagogische Urteil darüber, ob eine Behinderung (oder eine Lern- und Entwicklungsstörung einen Bedarf an sonderpädagogischer Unterstützung in der Schule auslöst und wo dies stattfinden kann.

Auch wenn eine Behinderung nicht mit einem Bedarf an sonderpädagogischer Unterstützung verbunden ist, kann sie im Einzelfall rechtfertigen, bei einer Leistungsfeststellung oder Prüfung durch Gewährung eines → Nachteilsausgleichs von Bestimmungen der Ausbildungs- und Prüfungsordnung abzuweichen.

Berufskolleg

Das Berufskolleg umfasst alle Formen und Typen der beruflichen Schulen zusammen (§ 22 SchulG).

Im Berufskolleg können für Schulpflichtige, die nicht am Unterricht der Berufsschule teilnehmen können oder durch ihn nicht hinreichend gefördert werden können, weiterhin sonderpädagogische Förderklassen eingerichtet werden. Sie fallen nach der amtlichen Begründung des Regierungsentwurfs für das 9. Schulrechtsänderungsgesetz (2013) unter den Begriff → Gemeinsames Lernen im Sinne von § 20 Absatz 1 SchulG (Landtagsdrucksache 16/2432 S. 63).

Die Regelungen in § 19 Absatz 5 Satz 3 SchulG, dass bei einem → Bedarf an sonderpädagogischer Unterstützung von der Schulaufsichtsbehörde den Eltern mindestens eine → allgemeine Schule vorzuschlagen ist, an der ein Angebot zum → Gemeinsamen Lernen eingerichtet ist, findet auf Berufskollegs erst ab dem Schuljahr 2016/17 Anwendung (Artikel 2 Absatz 1 Nr. 2 9. Schulrechtsänderungsgesetz 2013).

Zur Vorbereitung hat das Schulministerium drei Gutachten in Auftrag gegeben, da das Thema Inklusion in der beruflichen Bildung bislang kaum erforscht ist.
- ✓ Klaus Klemm, Junge Erwachsene mit sonderpädagogischem Förderbedarf in den Berufskollegs des Landes Nordrhein-Westfalen – Bildungsstatistische Analysen und Empfehlungen, Essen, Oktober 2014
- ✓ H.-Hugo Kremer/Marie-Ann Kückmann/Peter F. E. Sloane/Andrea Zoyke, Voraussetzungen und Möglichkeiten der Gestaltung gemeinsamen Lernens für Jugendliche mit sonderpädagogischem Förderbedarf im Bereich Lern- und Entwicklungsstörungen
- ✓ Erhard Fischer, Gestaltung inklusiver Unterrichtssettings an allgemeinen Berufskollegs mit Fokus auf die Zielgruppe „Schüler mit dem Förderschwerpunkt Geistige Entwicklung", Würzburg/Düsseldorf, Januar 2015

Das Schulministerium hat angekündigt, sobald wie möglich Eckpunkte vorzustellen, welche Konsequenzen aus den Anfang 2015 vorgelegten und im Bildungsportal des Landes Nordrhein-Westfalen veröffentlichten Gutachten gezogen werden sollen.

Berufspraxisstufe

Schüler mit einer geistigen Behinderung können eine Förderschule bis zur Vollendung des 25. Lebensjahres besuchen, wenn sie hierdurch dem Ziel des → Bildungsgangs näher gebracht werden können (§ 19 Absatz 9 SchulG). Von diesem Angebot macht der größte Teil der Schüler mit dem → Förderschwerpunkt Geistige Entwicklung Gebrauch. Dabei wird der berufsbildende Bereich durch die Berufspraxisstufe abgedeckt. Die Berufspraxisstufe vermittelt ihren Schülern eine berufliche Grundbildung und schafft damit die Grundlagen für eine spätere berufliche Tätigkeit. Sie erhalten Einblick in eine Werkstatt für behinderte Menschen oder in eine ähnliche Einrichtung. Einige Schulen erarbeiten diese Ziele auch durch Lernangebote in Trainingswohnungen, handwerklichen Werkstätten, Gärtnereien, Bäckereien u.a. (§ 9 Absatz 3 iVm § 39 Absatz 3 AO-SF).

Die Jugendlichen bzw. jungen Erwachsenen, die nach der Oberstufe in ein Arbeitsverhältnis eintreten, erfüllen durch den Besuch der Berufspraxisstufe die Berufsschulpflicht.

Bildungsgang

Für die → zielgleiche sonderpädagogische Förderung gelten grundsätzlich die schulrechtlichen Regelungen (und Unterrichtsvorgaben) für den jeweiligen Bildungsgang der → allgemeinen Schule, soweit in der Ausbildungsordnung sonderpädagogische Förderung nichts anderes geregelt ist (§ 21 Absatz 1 AO-AF). Diese Regelungen finden sich z. B. für die Realschule in § 15 SchulG und §§ 15, 16, 26 APO-S I. Bei der Organisation des Unterrichts für die zielgleich unterrichteten Schüler hat die Schule deren Lernmöglichkeiten und Belastbarkeit zu berücksichtigen (§ 21 Absatz 5 Satz 2 AO-SF).

Für die → zieldifferente sonderpädagogische Förderung gibt es besondere Bildungsgänge Zum einen den zieldifferenten Bildungsgang → Lernen (§§ 31 ff. AO-SF) und zum anderen den zieldifferenten Bildungsgang → Geistige Entwicklung (§§ 38 ff. AO-SF). Mit der Änderungsverordnung vom 29. September 2014 ist erstmals geregelt worden zu welchen Abschlüssen diese Bildungsgänge führen.

Die beiden zieldifferenten Bildungsgänge werden in der Ausbildungsordnung Sonderpädagogische Förderung getrennt von den jeweiligen Förderschwerpunkten ausgewiesen, da die Regelungen unabhängig vom Förderort gelten.

Allein die Schulaufsichtsbehörde (und nicht die Schule) entscheidet im Rahmen des → Feststellungsverfahrens auch darüber, ob eine zieldifferente Förderung in dem Bildungsgang Lernen oder dem Bildungsgang Geistige Entwicklung notwendig ist, da dies weitreichende Folgen für die Schullaufbahn hat (§ 14 Absatz 1 Nr. 3 AO-SF).

Wenn eine Schule in unterschiedlichen Bildungsgängen unterrichtet, wird der Unterricht durch innere und äußere Differenzierung gestaltet (§ 21 Absatz 2 AO-SF). Die Zeugnisse für Schüler mit einem Bedarf an sonderpädagogischer Unterstützung nennen auch den jeweiligen Bildungsgang, in dem der Schüler unterrichtet wird.

Bildungs- und Erziehungsvereinbarungen

Zur sonderpädagogischen Förderung in → allgemeinen Schulen gehört für alle handelnden Personen, zu lernen, wie man mit Unterschieden und Vielfalt umgeht. Dies gilt insbesondere bei → Lern- und Entwicklungsstörungen. In Bildungs- und Erziehungsvereinbarungen können die Beteiligten sich auf gemeinsame Erziehungsziele und -grundsätze verständigen sowie wechselseitige Pflichten in Erziehungsfragen und Wege zu deren Einhaltung und Durchsetzung festlegen (§§ 42 Absatz 5, 65 Absatz 2 Nr. 12 SchulG). Bei diesen Vereinbarungen handelt es sich nicht um Verträge im Rechtssinn; bei einem Verstoß gegen die Vereinbarung sollte aber zumindest darüber gesprochen werden, was dazu geführt hat und wie ein derartiger Verstoß in der Zukunft verhindert werden kann.

Einrichtungen der Jugendhilfe

Wenn das mit der sonderpädagogischer Förderung verfolgte Bildungsziel auf andere Weise nicht erreicht werden kann und Hilfen nach dem Kinder- und Jugendrecht (SGB VIII) erforderlich sind, können nach Absatz 4 Kinder und Jugendliche mit Bedarf an sonderpädagogischer Unterstützung auch in Einrichtungen der Jugendhilfe untergebracht werden. Dabei handelt es sich um vollstationäre Angebote (§§ 34, 41, 42 SGB VIII) wie betreute Wohngruppen und betreutes Einzelwohnen, Kinder- und Jugendheime, Kinder- und Jugenddörfer, therapeutische Wohngruppen (gemäß §§ 27 (3) oder 35a SGB VIII), aber auch um teilstationäre Angebote wie sozialpädagogische Tagesgruppen (gemäß § 32 SGB VIII). Die Entscheidung über die Unterbringung trifft die Schulaufsichtsbehörde auf Vorschlag des Jugendamtes und mit Zustimmung der Eltern. Die verweigerte Zustimmung der Eltern kann durch das Familiengericht ersetzt werden, wenn hierdurch das Kindeswohl gefährdet wird (§ 1666 BGB).

Einzelintegration

Sonderpädagogische Förderung in → allgemeinen Schulen, in denen → Gemeinsames Lernen stattfindet, schließt eine Einzelintegration in einer Schule, in der Gemeinsames Lernen nicht oder noch nicht eingerichtet ist, nicht generell aus. Eine Einzelintegration kann jedoch nur stattfinden, wenn der Schulträger und die Schulaufsichtsbehörde dem zuvor zugestimmt haben. Hierdurch wird gewährleistet, dass die von den Eltern gewählte Schule personell und sächlich für eine Einzelintegration in dem betreffenden → Förderschwerpunkt ausgestattet ist.

Eine Einzelintegration ist nicht in jeder Schule möglich, da sie mit einem größeren Aufwand verbunden ist und öffentliche Mittel nur begrenzt verfügbar sind. Insbesondere folgende Aspekte sind zu bedenken: höherer Stellenbedarf bei einer Einzelintegration,

Herstellung der Barrierefreiheit mit einem vertretbarem Aufwand, Organisationsermessen des Schulträgers, Berücksichtigung der Belange der nichtbehinderten Kinder. Siehe hierzu: *Eilentscheidung des OVG NRW, Beschluss vom 19.* August 2014, 19 B 849/14

Elterninformation

Die Beratung der Eltern in schulischen Angelegenheiten ist zu allererst Aufgabe der Lehrkräfte. Sie ist im Rahmen eines → Feststellungsverfahrens aber auch eine zentrale Aufgabe der Schulaufsichtsbehörde. Dies ist durch das 9. Schulrechtsänderungsgesetz (2013) in § 19 SchulG durch einen eigenen Absatz 6 besonders hervorgehoben worden. Die Schulaufsichtsbeamten besitzen die Kenntnis über die unterschiedlichen schulischen Angebote in der Region, was vor allem im Zusammenhang mit der Einschulung und dem Übergang von der Grundschule in eine weiterführende Schule wichtig ist.

Die Eltern werden von der Schulaufsichtsbehörde als aktiv Beteiligte in das Feststellungsverfahren einbezogen. Dies wird durch umfassende Regelungen sichergestellt, die 2014 in die Ausbildungsordnung sonderpädagogische Förderung eingefügt worden sind.

Die mit der Ermittlung des → Bedarfs an sonderpädagogischer Unterstützung beauftragten Lehrkräfte laden die Eltern während der Erstellung des Gutachtens zu einem Gespräch ein und informieren sie im Auftrag der Schulaufsichtsbehörde über den Ablauf des Verfahrens sowie über weitere Beratungsangebote (§ 13 Absatz 2 AO-SF).

Bei der Ermittlung der Schulen, die für das Kind möglicherweise als → Förderort in Betracht kommen, hat die Schulaufsichtsbehörde die Eltern frühzeitig einzubeziehen und um eine Erklärung zu bitten, ob sie für ihr Kind anstelle des Besuchs einer allgemeinen Schule den Besuch einer Förderschule wählen (§ 13 Absatz 5 AO-SF).

Durch die Möglichkeit, eine Person ihres Vertrauens zu dem das Feststellungsverfahren abschließende Gespräch mit der Schulaufsichtsbehörde hinzuziehen, ist den Eltern eine zusätzliche Beratungsmöglichkeit eröffnet (§ 13 Absatz 6 AO-SF). Die Entscheidung darüber, wen sie zu dem Gespräch hinzuziehen, liegt allein bei den Eltern. Eine Kostenübernahme durch das Land findet nicht statt.

Die Entscheidung der Schulaufsichtsbehörde über Bedarf an sonderpädagogischer Unterstützung und den Förderschwerpunkt ist den Eltern schriftlich mitzuteilen und zu begründen (§ 14 Absatz 4 AO-SF).

Sofern eine Klassenkonferenz bei einem Schüler mit Bedarf an sonderpädagogischer Unterstützung einen Wechsel des Förderorts oder des Bildungsgangs für angebracht hält, hat die Schulleitung die Eltern zu einem Gespräch einzuladen (§ 17 Absatz 2 AO-SF).

Entsprechendes gilt dann, wenn nach Auffassung der Klassenkonferenz eine sonderpädagogische Förderung nicht mehr erforderlich ist (§ 18 Absatz 1 AO-SF). Die

Schulaufsichtsbehörde hat in einem solchen Fall die Aufgabe, die Eltern darüber zu beraten, wo ihr Kind die Schullaufbahn fortsetzen kann (§ 18 Absatz 2 AO-SF).

Gerade bei Menschen mit Behinderungen gibt es weitere Beratungsangebote anderer (möglicher) Leistungsträger. Nicht zuletzt spielen Fachverbände, Selbsthilfeorganisationen und Elternverbände eine wichtige Rolle bei der Beratung Betroffener. Die Schulaufsichtsbehörde hat die Eltern über diese Beratungsangebote zu informieren. Auch hierfür gilt, dass für die Beratung anfallende Kosten nicht vom Land übernommen werden.

Elternwahlrecht

Durch das 9. Schulrechtsänderungsgesetz (2013) ist ein Elternwahlrecht bei der Festlegung des → Förderorts für Kinder mit → Bedarf an sonderpädagogischer Unterstützung schulrechtlich verankert worden. § 20 Absatz 2 SchulG setzt jedoch eine klare Priorität: sonderpädagogische Förderung findet nach dieser Bestimmung in der Regel in der → allgemeinen Schule stattfindet. Abweichend hiervon können Eltern jedoch auch eine → Förderschule als Förderort für ihr Kind wählen ohne dies besonders begründen zu müssen.

Das Elternwahlrecht erstreckt sich nicht auf jedwede einzelne Schule, sondern nur auf die allgemeinen Schulen, an denen → Gemeinsames Lernen für den entsprechenden → Förderschwerpunkt durch die Schulaufsichtsbehörde förmlich eingerichtet ist, und auf entsprechende Förderschulen.

Das Elternwahlrecht knüpft an die Rechtsprechung des Bundesverfassungsgerichts an. Danach lag eine Verletzung von Artikel 3 Absatz 3 Grundgesetz schon auf der Basis des früheren Rechts vor, wenn ein Kind gegen seinen Willen oder den Willen seiner Eltern an eine Förderschule überwiesen wurde, obwohl ein Unterricht an einer allgemeinen Schule mit sonderpädagogischer Förderung möglich war.

Die Eltern von Kindern, deren Bedarf an sonderpädagogischer Unterstützung die Schulaufsichtsbehörde in einem → Feststellungsverfahren förmlich festgestellt hat, haben einen Anspruch darauf, dass die Schulaufsichtsbehörde ihnen einen → Vorschlag für den in Betracht kommenden schulischen Förderort macht.

Die Schulaufsichtsbehörde hat den Eltern (mindestens) eine allgemeine Schule in zumutbarer Entfernung vorzuschlagen, an der Gemeinsames Lernen stattfindet (§ 19 Absatz 5 Satz 3 SchulG). Die Eltern können davon ausgehen, dass ihr Kind an dieser Schule aufgenommen werden kann. Entscheiden sich die Eltern sich für eine andere Schule des Gemeinsamen Lernens an der es in dem festgestellten → Förderschwerpunkt unterrichtet werden kann, hängt die → Aufnahme davon ab, ob es dort freie → Aufnahmekapazitäten gibt. Der Bedarf an sonderpädagogischer Unterstützung als solcher ist kein Grund für eine bevorzugte Aufnahme (vgl. § 1 Absatz 2 APO-S I). Bei einer sogenannten → Einzelintegration hängt die Aufnahme ferner davon ab, ob die Schule für eine sonderpädagogische Förderung sächlich und personell ausgestattet ist.

Wenn Eltern für ihr Kind in Ausübung des Elternwahlrechts keine inklusive Beschulung wünschen, sondern sich für die Beschulung an einer **Förderschule** entscheiden, ist es nach der neuen Rechtslage ebenfalls Aufgabe der Schulaufsichtsbehörde, ihnen eine (oder mehrere) Förderschule vorzuschlagen, die dem Bedarf an sonderpädagogischer Unterstützung ihres Kindes gerecht wird (§ 16 Absatz 2 Satz 1 AO-SF). Die Schulaufsichtsbehörde hat die Eltern deswegen frühzeitig in ihren Entscheidungsprozess einzubinden und um eine Erklärung zu bitten, ob sie für ihr Kind anstelle des Besuchs einer allgemeinen Schule den Besuch einer Förderschule wählen (§ 13 Absatz 5 AO-SF). Die Entscheidung, welche Förderschule (mit dem entsprechenden Förderschwerpunkt) das Kind besucht, ist letztlich Sache der Eltern (§ 16 Absatz 4 AO-SF). Begrenzt wird das Wahlrecht durch das tatsächliche Angebot an Förderschulen. So gibt es für blinde und sehbehinderte Schüler ein gymnasiales Angebot nur an Schulen mit einem länderübergreifenden Einzugsbereich.

Nur „in besonderen Ausnahmefällen" kann die Schulaufsichtsbehörde vom Elternwunsch abweichen (§ 20 Absatz 4 SchulG). Dies gilt sowohl dann, wenn die Eltern eine allgemeine Schule als Förderort wünschen, als auch dann wenn sie sich für die Förderschule entscheiden. Als alleinigen Grund hierfür nennt das Gesetz, dass die personellen und sächlichen Voraussetzungen am gewählten Förderort nicht erfüllt sind und auch nicht mit vertretbarem Aufwand geschaffen werden können. Die Schulaufsichtsbehörde hat den Eltern nicht nur die Gründe, die gegen ihren Wunsch sprechen, ausdrücklich zu benennen. Sie muss ihnen auch darlegen, was sie mit dem Kind beabsichtigt, und sie über weitere Beratungsmöglichkeiten zu informieren. Eltern können sich gegen die Entscheidung vor dem Verwaltungsgericht gerichtlich wehren.

Begrenzt wird das Elternwahlrecht ebenfalls durch die Öffnungsklausel in § 132 Absätze 1 und 2 SchulG, die kommunalen Schulträgern ermöglicht, auf (öffentliche) Förderschulen mit den Förderschwerpunkten Lernen, Emotionale und soziale Entwicklung und Sprache vollständig zu verzichten und damit für die → Lern- und Entwicklungsstörungen auf Gebiet eines Kreises oder einer kreisfreien Stadt ein umfassendes → regionales inklusives Schulangebot zu schaffen. Von einem echten Wahlrecht kann dann nicht mehr gesprochen werden. Eltern, die in dem Gebiet wohnen und für ihr Kind eine Förderschule wünschen, bleibt nur die Möglichkeit, lange Anfahrtswege bis zu einer dem Kreisgebiet benachbarten Förderschule in Kauf zu nehmen oder ihr Kind an einer – soweit vorhanden – → Förderschule in freier Trägerschaft anzumelden.

Emotionale und soziale Entwicklung

Der Förderschwerpunkt Emotionale und soziale Entwicklung gehört zu den → Lern- und Entwicklungsstörungen (§ 4 Absatz 1 AO-SF). Ein → Bedarf an sonderpädagogischer Unterstützung in diesem → Förderschwerpunkt besteht, wenn sich ein Schüler der Erziehung so nachhaltig verschließt oder widersetzt, dass er im Unterricht nicht oder nicht hinreichend gefördert werden kann und die eigene Entwicklung oder die der Mitschüler erheblich gestört oder gefährdet ist (§ 4 Absatz 4 AO-SF).

Bei dem Förderschwerpunkt Emotionale und soziale Entwicklung kann es sich um einen → zielgleichen (§ 28 Absatz 1 Nr. 1 AO-SF) oder aber um einen →

zieldifferenten → Bildungsgang (§ 28 Absatz 1 Nr. 2 AO-SF) handeln, falls von der Schulaufsichtsbehörde auch der Förderschwerpunkt → Lernen bestimmt wird.

Für den Förderschwerpunkt Emotionale und soziale Entwicklung gelten die Ausbildungs- und Prüfungsordnungen der allgemeinen Schulen einschließlich der Unterrichtsfächer und der Stundentafeln, soweit in der Ausbildungsordnung sonderpädagogische Förderung nichts anderes geregelt ist (§ 21 Absatz 1 AO-SF). Etwas anderes gilt für Schüler mit dem Förderschwerpunkt Emotionale und soziale Entwicklung, die zieldifferent unterrichtet werden: Auf sie sind die besonderen Regelungen für den Bildungsgang → Lernen anzuwenden (§§ 31 bis 37 AO-SF).

Schüler mit dem Förderschwerpunkt Emotionale und soziale Entwicklung, die eine allgemeine Schule besuchen, können durch die Schulaufsichtsbehörde unter bestimmten Voraussetzungen zeitlich befristet einem → schulischen Lernort im Sinne von § 132 Absatz 3 SchulG zugewiesen werden, wenn es in dem Gebiet des Kreises oder der kreisfreien Stadt keine Förderschule mit dem entsprechenden Schwerpunkt mehr gibt (§ 28 Absatz 4 bis 6 AO-SF).

Auch für diesen Förderschwerpunkt gilt, dass ein → Ruhen der Schulpflicht nur durch die Schulaufsichtsbehörde und nicht durch die einzelne Schule angeordnet werden kann (§ 40 Absatz 2 SchulG).

Fachberater für Inklusion

Die unteren Schulaufsichtsbehörden (Schulämter) können seit dem Schuljahr 2015/16 Lehrkräfte zu ihrer Beratung und Unterstützung beim Aufbau eines inklusiven Schulsystems hinzuziehen. Die sogenannten Fachberater für Inklusion (Inklusionsfachberater – IFA) haben im Rahmen ihrer Zuständigkeit folgende Aufgaben:
- ✓ Unterstützung der Schulleitungen bei der konzeptionellen Gestaltung und Weiterentwicklung des → Gemeinsamen Lernens.
- ✓ Sicherstellung der Unterrichtsqualität in der → sonderpädagogischen Förderung.
- ✓ Beratung von Schulleitungen und Lehrkräften für sonderpädagogische Förderung in → allgemeinen Schulen in Fragen des Gemeinsamen Lernens.
- ✓ Sicherstellung eines fachlichen Austauschs von Lehrkräften für sonderpädagogische Förderung in allgemeinen Schulen.

Zum Fachberater für Inklusion können unbefristet beschäftigte Lehrkräfte für sonderpädagogische Förderung mit Erfahrungen im Gemeinsamen Lernen sowie Leiter und stellvertretende Leiter auslaufender Förderschulen oder Kompetenzzentren für sonderpädagogische Förderung (KsF) bestellt werden.

Die Fachberater für Inklusion nehmen ihre Aufgabe im Rahmen ihres Hauptamts als Lehrkraft wahr (§ 87 Absatz 2 SchulG). Sie sollen mit der Hälfte der Regelpflichtstundenzahl an einer → Schwerpunktschule unterrichten und mit der anderen Hälfte Beratungs- und Unterstützungsaufgaben für die untere Schulaufsichtsbehörde wahrnehmen.

Fakultativprotokoll

Das Fakultativprotokoll vom 13. Dezember zum Übereinkommen der Vereinten Nationen über die Rechte von Menschen mit Behinderungen ist ein eigenständiger völkerrechtlicher Vertrag. Es wurde wie die → Behindertenrechtskonvention selbst im Dezember 2008 durch Bundestag und Bundesrat ratifiziert und ist seit dem 26. März 2009 für Deutschland verbindlich (BGBl 2008 II, 1419).

Das Fakultativprotokoll enthält Verfahrensregelungen, die darauf abzielen, die Umsetzung und die Überwachung der Behindertenrechtskonvention zu stärken. Hiernach können einzelne Betroffene, deren Rechte aus der Konvention verletzt wurden, sich direkt an den bei den Vereinten Nationen gebildeten Kontrollausschuss wenden, wenn der innerstaatliche Rechtsweg ausgeschöpft ist.

Feststellungsverfahren

Das Verfahren zur Ermittlung des Bedarfs an sonderpädagogischer Unterstützung und zur Feststellung des Förderschwerpunkts ist in der Ausbildungsordnung sonderpädagogische Förderung in den §§ 10 bis 20 geregelt.

Das Verfahren wird nur bei Anhaltspunkten für einen → Bedarf an sonderpädagogischer Unterstützung eröffnet. Es ist wie folgt gekennzeichnet:

✓ Einleitung des Verfahrens durch die Eltern, nur ausnahmsweise durch die Schule (§§ 11 und 12 AO-SF).

✓ Ermittlung des Bedarfs auf der Grundlage von unabhängigen → Gutachten (§ 13 AO-SF).

✓ Umfassende Information und → Beratung der Eltern (§§ 11 Absatz 1, 12 Absatz 1, 13 Absätze 2 und 5 bis 7, 14 Absatz 5, 16 Absätze 1, 2 und 6, 17 Absätze 2, 5 und 6, 18 Absätze 1 bis 3 AO-SF).

✓ Abschließende Entscheidung durch die Schulaufsichtsbehörde über den Bedarf an sonderpädagogische Unterstützung und den → Förderschwerpunkt (§ 14 AO-SF).

✓ Einmal → jährliche Überprüfung der Entscheidung der Schulaufsichtsbehörde (§ 17 AO-SF).

✓ Überprüfbarkeit der Entscheidung der Schulaufsichtsbehörde (Verwaltungsakt) nach Maßgabe des Verwaltungsverfahrensgesetzes (VwVfG NRW) und der Verwaltungsgerichtsordnung (VwGO).

Im gesamten Verfahren ist das Schulamt zuständig für Schüler der Primarstufe und der Hauptschule, die Bezirksregierung für Schüler der Realschule, des Gymnasiums, der Gesamtschule, der Sekundarschule und des Berufskollegs. Die interne Geschäftsverteilung regelt, wer innerhalb der Schulaufsichtsbehörde die Federführung hat.

Bei einem vermuteten Bedarf an sonderpädagogischer Unterstützung im Förderschwerpunkt → Lernen gilt die Besonderheit, dass eine Schule (anders als die Eltern) einen Antrag auf Einleitung eines Feststellungsverfahrens erst stellen kann, wenn der Schüler die → Schuleingangsphase im dritten Jahr besucht (§ 12 Absatz 3 AO-SF).

Dies soll sicherstellen, dass alle Fördermöglichkeiten ausgeschöpft werden bevor die Entscheidung getroffen wird, ob ein Schüler künftig im Bildungsgang des Förderschwerpunkts Lernen → zieldifferent gefördert wird.

Nach dem Ende der Klasse 6 kann die Schule ein Feststellungsverfahren wegen eines vermuteten Bedarfs im Förderschwerpunkt Lernen nicht mehr einleiten (§ 19 Absatz 7 SchulG, § 12 Absatz 3 AO-SF). Bei einem vermuteten Bedarf in einem anderen Förderschwerpunkt kann der Antrag nur noch in Ausnahmefällen einzuleiten (z.B. wegen der Folgen eines Unfalls oder einer Erkrankung) gestellt werden (§ 13 Absatz 4 AO-SF).

Die Verfahrensvorgaben in der Ausbildungsordnung sonderpädagogische Förderung sind von den beteiligten staatlichen und schulischen Stellen genau zu beachten, da die Entscheidung über den Bedarf an sonderpädagogischer Unterstützung trotz der damit verbundenen Leistungen des Landes und der kommunalen Schulträger häufig als gravierenden Eingriff in die Elternrechte empfunden wird. Dies gilt insbesondere für die Förderschwerpunkte → Lernen und → Emotionale und soziale Entwicklung. Entsprechendes gilt dann, wenn die Eltern mit dem → Vorschlag für den schulischen Förderort nicht einverstanden sind.

FIBS

Das Förderzentrum für die integrative Beschulung blinder und sehbehinderter Schülerinnen und Schüler (FIBS) in Soest hat die Aufgabe die allgemeinen Schulen bei der Arbeit mit dieser Schülergruppe zu unterstützen. Siehe: Runderlass des Schulministeriums vom 21. Juni 2006 (BASS 10 – 32 Nr. 52)

Förderort

Orte der sonderpädagogischen Förderung sind nach § 20 Absatz 1 des Schulgesetzes NRW:
✓ allgemeine Schulen (allgemein bildende Schulen und Berufskollegs),
✓ Förderschulen und
✓ Schulen für Kranke.

Regelförderort ist die allgemeine Schule; Eltern können abweichend hiervon eine Förderschule wählen (§ 20 Absatz 2 SchulG). Dies bezieht sich – wie bei Kindern ohne einen Bedarf an sonderpädagogischer Unterstützung – nicht auf eine konkrete Schule.

Förderplan

Seit 2005 wird für jeden Schüler **mit** → Bedarf an sonderpädagogischer Unterstützung ein individueller Förderplan erstellt, regelmäßig überprüft und fortgeschrieben (§ 21 Absatz 7 Sätze 1 und 2 AO-SF).

Entsprechendes gilt seit der Änderung der Ausbildungsordnung sonderpädagogische Förderung im Jahr 2014 für Schüler, die wegen einer Lern- und Entwicklungsstörung besonderer Unterstützung bedürfen, ohne dass dies förmlich festgestellt worden ist

(§ 21 Absatz 7 Satz 3 AO-SF). Auch für sie ist ein individueller Förderplan zu erstellen. Dies betrifft insbesondere Kinder, bei denen sich bereits bald nach der Einschulung herausgestellt hat, dass sie möglicherweise sonderpädagogischer Unterstützung im Förderschwerpunkt Lernen bedürfen, und dass sie deswegen für die Schuleingangsphase drei Jahre benötigen. Wie diese Kinder in der Schuleingangsphase gefördert werden, bestimmt das Förderkonzept der jeweiligen Schule (§ 4 AO-GS).

Ein individueller Förderplan ist in Abstimmung mit der bisherigen Schule auch für die Schüler mit einem Bedarf an sonderpädagogischer Unterstützung im Förderschwerpunkt → Emotionale und soziale Entwicklung zu erstellen, die zeitweise einem → Schulischen Lernort zugewiesen sind.

Förderschule

Nachdem mit dem Beschluss der Kultusministerkonferenz vom 6. Mai 1994 zu den Empfehlungen zur sonderpädagogischen Förderung nicht mehr von „Sonderschulbedürftigkeit" sondern von „sonderpädagogischer Förderung" gesprochen wird, lag es nahe, statt der Bezeichnung „Sonderschule" die Bezeichnung „Förderschule" zu verwenden. In Nordrhein-Westfalen ist dies durch 2005 durch das neue Landesschulgesetz geschehen.

Förderschulen werden in Nordrhein-Westfalen grundsätzlich in Trägerschaft der Gemeinden (Kreisfreie Stadt, kreisangehörige Stadt oder Gemeinde) errichtet und geführt (§ 78 Absatz 1 SchulG), soweit nicht die Landschaftsverbände (Rheinland, Westfalen-Lippe) Träger sind (§ 78 Absatz 3 SchulG). Bei den Schulen mit Förderschwerpunkten im Bereich der → Lern- und Entwicklungsstörungen steigt die Zahl der Schulen in Kreisträgerschaft an, da für solche Schulen häufig die Mindestschülerzahl im Gemeindegebiet nicht mehr erreicht wird.

Die Bezeichnung einer Förderschule richtet sich nach dem Förderschwerpunkt, in dem sie vorrangig unterrichtet (§ 6 Absatz 6 Satz 2 SchulG).

Gliederung und Aufbau der Förderschulen sind in § 10 AO-SF geregelt. Der Aufbau folgt dem der → allgemeinen Schulen (§ 9 Absatz 1 AO-SF). Dies gilt nun auch für Förderschulen mit dem Förderschwerpunkt → Geistige Entwicklung, die bislang anders aufbaut waren (Vorstufe, Mittelstufe, Oberstufe); unverändert bleibt in der Sekundarstufe II die Berufspraxisstufe.

Öffentliche Förderschulen werden in der Sekundarstufe I mit Ausnahme der
   ✓ Rheinisch-Westfälischen Realschule mit dem Förderschwerpunkt Hören und Kommunikation in Dortmund,
   ✓ der Anna-Freud-Schule mit dem Förderschwerpunkt Körperliche und Motorische Entwicklung in Köln (Sekundarstufe I und II) und
   ✓ dem Realschulzweig der von-Vincke-Schule mit dem Förderschwerpunkt Sehen in Soest

im Bildungsgang der Hauptschule geführt.

Zu den Förderschulen gehören auch die Förderberufskollegs.

Ein Angebot außerhalb von Nordrhein-Westfalen mit einem bundesweiten Einzugsbereich ist beispielsweise für Blinde und hochgradig Sehbehinderte, die die Hochschulreife oder die Fachhochschulreife erwerben wollen, die Carl-Strehl-Schule (Blindenstudienanstalt) in Marburg.

Förderschulen im Verbund

Förderschulen unterschiedlicher → Förderschwerpunkte können im Verbund als eine Schule in kooperativer oder integrativer Form geführt werden (§ 20 Absatz 7 SchulG). Dies ermöglicht es einem Schulträger, Förderschulen, die unter die Mindestgröße fallen, zusammenzulegen und zugleich Schulstandorte zu sichern.

Eine Förderschule im Verbund benötigt 144 Schüler. Umfasst sie allein die Sekundarstufe I, sind 112 Schüler erforderlich. Weniger Schüler sind dann nötig, wenn für jeden Förderschwerpunkt einer Verbundschule die Mindestgröße einer Einzelschule erreicht wird.

Führt z. B. eine Gemeinde oder ein Kreis als Schulträger eine Förderschule mit dem Förderschwerpunkt → Sprache und eine Förderschule mit dem Förderschwerpunkt → Emotionale und soziale Entwicklung jeweils der Primarstufe als Förderschule im Verbund, ist hierfür eine Schülerzahl von 55 (Sprache) und von 33 (Emotionale und soziale Entwicklung) – insgesamt also 88 – erforderlich.

Eine an verschiedenen Teilstandorten geführte Förderschule muss weiterhin eine pädagogische Einheit bilden, die durch ein pädagogisches und organisatorisches Konzept abgesichert ist. Durch die Bildung eines Teilstandorts darf kein zusätzlicher Lehrerbedarf entstehen (§ 83 Absatz 7 Satz 1 SchulG).

Förderschule in freier Trägerschaft

Da das 9. Schulrechtsänderungsgesetz (2013) weder die Schließung von → Förderschulen insgesamt als Schulform noch von Förderschulen bestimmter → Förderschwerpunkte vorsieht, können Ersatzförderschulen in freier Trägerschaft weiterhin für alle Förderschwerpunkte genehmigt werden, wenn sie öffentlichen Schulen gleichwertig sind und sie die sonstigen Genehmigungsvoraussetzungen erfüllen. Die Rechtsstellung bereits genehmigter Ersatzschulen bleibt ebenfalls unberührt. Dies gilt auch für Kreise oder kreisfreie Städte mit einem → regionalen inklusiven Schulangebot. Siehe: Bericht der Landesregierung vom 6. Dezember 2013 zum „Gemeinsamen Lernen an Ersatzschulen" (Landtagsvorlage 16/1475).

Genehmigte Ersatzschulen haben nach Artikel 8 Absatz 4 Satz 3 LV Anspruch auf die zur Durchführung ihrer Aufgaben und zur Erfüllung ihrer Pflichten erforderlichen Zuschüsse des Landes nach näherer Bestimmung der §§ 105 ff. SchulG. Auf der Grundlage dieser schulgesetzlichen Bestimmungen kann der Ersatzschulträger die Ausgaben seiner genehmigten Ersatzschulen bis zur Höhe der Aufwendungen vergleichbarer öffentlicher Schulen bei der Bemessung der Landeszuschüsse geltend machen. Dies gilt auch für genehmigte Ersatzschulen mit Angeboten des → Gemeinsamen Lernens.

Die Umstellung der Finanzierungssystematik für Angebote des Gemeinsamen Lernens im Bereich der → Lern- und Entwicklungsstörungen an Ersatzschulen ist mit Wirkung ab dem Schuljahr 2015/16 durch die Sechste Verordnung zur Änderung der Ersatzschulfinanzierungsverordnung (FESchVO) vom 28. Januar 2015 (zu BASS 11–03 NR. 7.1) vorgenommen worden. Ab dem Schuljahr 2015/16 gibt es für Ersatzschulen ebenso wie bereits für öffentliche Schulen ein Stellenbudget für Lern- und Entwicklungsstörungen. Dieses Stellenbudget steht den einzelnen Ersatzschulen unabhängig von der tatsächlichen Zahl der Schüler mit einem förmlich festgestellten Bedarf an sonderpädagogischer Unterstützung im Bereich der Lern- und Entwicklungsstörungen (LES) zur Verfügung (§ 3 a FESchVO). Ferner partizipieren genehmigte Ersatzschulen an den im Gesetz zur Förderung kommunaler Aufwendungen für die schulische Inklusion vorgesehenen Sach- und Personalkostenpauschalen für kommunale Schulträger (§ 7 a FESchVO).

Durch Änderung von § 2 Absatz 4 der Verordnung über die Ersatzschulen (ESchVO) ist den Ersatzschulträgern im Übrigen der Weg zur Umgestaltung ihrer Schulen zu einem inklusiven System erleichtert worden. Früher bedurfte es einer gebührenpflichtigen Änderungsgenehmigung, um das Angebot einer bestehenden Ersatzschule um einen oder einen oder mehrere sonderpädagogische Förderschwerpunkte zu erweitern. Nunmehr reicht ein gebührenfreies Anzeigeverfahren aus.

Förderschwerpunkte

Die sonderpädagogische Förderung umfasst nach § 19 Absatz 2 SchulG, § 2 Absatz 2 AO-SF folgende Förderschwerpunkte:
- ✓ Lernen,
- ✓ Sprache,
- ✓ Emotionale und soziale Entwicklung,
- ✓ Hören und Kommunikation,
- ✓ Sehen,
- ✓ Geistige Entwicklung und motorische Entwicklung.

Dies gilt für alle → Förderorte, also sowohl für → Förderschulen als auch für → allgemeine Schulen.

Soweit die sonderpädagogische Förderung in Förderschulen stattfindet, findet sich der jeweilige Förderschwerpunkt in der **Bezeichnung der Schule** wieder (§ 6 Absatz 6 Satz 2 SchulG).

Gebärdensprache

Die Lautsprache und die Deutsche Gebärdensprache (DGS) sind im Förderschwerpunkt → Hören und Kommunikation gleichwertige Kommunikationsformen (§ 23 Absatz 2 AO-SF).

Sowohl Förderschulen als auch → Schwerpunktschulen im Sinne von § 20 Absatz 6 SchulG, die in dem Förderschwerpunkt Hören und Kommunikation unterrichten, sollen nach der Neufassung der Ausbildungsordnung sonderpädagogische Förderung im Jahr 2014 bei einem entsprechenden Bedarf die Deutsche Gebärdensprache (DGS) im Rahmen der Stundentafel als eigenständiges Fach anbieten (§ 23 Absatz 3 AO-SF). In der Primarstufe sind dies die Stunden, die für Deutsch, Sachunterricht, Mathematik und Förderunterricht vorgesehen sind; in der Sekundarstufe I die Ergänzungsstunden (§ 3 Absatz 3 APO-SI).

Die Gebärdensprache ist ggf. bei der Angabe der Fächer in → Zeugnissen als eigenes Fach unter „Leistungen" aufzunehmen.

Die Einführung des Fachs Deutsche Gebärdensprache (DGS) an einer Schule setzt eine hinreichende Zahl von Schülern mit dem Förderschwerpunkt Hören und Kommunikation und den Wunsch der Eltern nach einem entsprechenden Unterricht voraus.

Geistige Entwicklung

Ein → Bedarf an sonderpädagogischer Unterstützung im Förderschwerpunkt Geistige Entwicklung besteht, wenn das schulische Lernen im Bereich der kognitiven Funktionen und in der Entwicklung der Gesamtpersönlichkeit dauerhaft und hochgradig beeinträchtigt ist, und wenn hinreichende Anhaltspunkte dafür sprechen, dass der Schüler zur selbstständigen Lebensführung voraussichtlich auch nach dem Ende der Schulzeit auf Dauer Hilfe benötigt (§ 5 AO-SF).

Bei dem Förderschwerpunkt Geistige Entwicklung handelt es ich um einen eigenständigen zieldifferenten → Bildungsgang (§§ 33 ff. AO-SF). Dies gilt auch für Schüler mit diesem Förderschwerpunkt, die an einer → allgemeinen Schule unterrichtet werden. Der Bildungsgang führt zu eigenen → Abschlüssen.

Unabhängig vom → Förderort ist es Ziel des Unterrichts in dem Bildungsgang Geistige Entwicklung, Kompetenzen in den Entwicklungsbereichen Motorik, Wahrnehmung, Kognition, Sozialisation und Kommunikation zu fördern (§ 38 AO-AF).

Die **Leistungsbewertung** erfolgt ohne Notenstufen auf der Grundlage der im individuellen → Förderplan festgelegten Ziele (§ 40 AO-SF). Eine Versetzung findet nicht statt; am Ende jedes Schuljahres entscheidet vielmehr die Klassenkonferenz darüber, in welcher Klasse der Schüler im nächsten Schuljahr gefördert wird (§ 41 AO-SF).

Am Ende der Schulbesuchszeit (d. h. dann, wenn die Schulpflicht in der Sekundarstufe II erfüllt ist) enthält der Schüler ein Abschlusszeugnis, das die erworbenen Kenntnisse, Fähigkeiten und Fertigkeiten bescheinigt (§§ 30 Absatz 1, 41 Absatz 3 AO-SF).

Der Unterricht in Förderschulen mit dem Förderschwerpunkt Geistige Entwicklung findet in der Regel ganztägig statt (§ 39 AO-SF). Bestandteil der Förderschulen ist (als Sekundarstufe II) die → Berufspraxisstufe.

Schüler mit einer geistigen Behinderung sind berechtigt, eine Förderschule über die Schulpflicht in der Sekundarstufe II hinaus bis zur Vollendung des 25. Lebensjahres zu besuchen, wenn sie mit dem weiteren Besuch der Schule dem Ziel des Bildungsgangs näher kommen (§ 19 Absatz 9 SchulG).

Gemeinsames Lernen

Gemeinsames Lernen ist in § 20 SchulG inhaltlich verankert. Es umfasst alle Formen des Unterrichts, in dem Schüler mit und ohne → Bedarf an sonderpädagogischer Unterstützung gemeinsam unterrichtet und erzogen werden (§ 20 Absatz 3 SchulG).

Für die Schüler mit Bedarf an sonderpädagogischer Unterstützung gelten die Ausbildungs- und Prüfungsordnungen einschließlich der Unterrichtsfächer und der Stundentafeln, soweit in der Ausbildungsordnung sonderpädagogische Förderung nicht etwas anderes bestimmt ist (§ 21 Absatz 1 AO-SF).

Bei der Organisation des Unterrichts sind das Alter und die durch die Behinderung erforderlichen Bedarfe an sonderpädagogischer Unterstützung sowie die im Bildungsgang angestrebten Abschlüsse zu beachten. Einen Zwang, die Schüler mit Bedarf an sonderpädagogischer Unterstützung in bestimmten Klassen zu bündeln, gibt es nicht. Falls eine Schule dies für sinnvoll erachtet, um möglichst viel Doppelbesetzung zu erreichen, kann sie dies weiterhin tun. Sie kann den Unterricht aber auch so organisieren, dass das Gemeinsame Lernen von Anfang an zur Aufgabe aller ihrer Lehrkräfte wird.

Über die Einrichtung Gemeinsamen Lernens entscheidet die Schulaufsichtsbehörde mit Zustimmung des Schulträgers (§ 20 Absatz 5 SchulG). Die Zustimmung der Schule ist nicht erforderlich. Ihre Mitwirkung beschränkt sich auf ein Vorschlags- und Initiativrecht der Schulkonferenz, das Schulaufsicht und Schulträger zur Kenntnis nehmen, aber nicht befolgen müssen (§ 65 Absatz 2 Nr. 8 SchulG).

Unter den Begriff des Gemeinsamen Lernens fallen auch sonderpädagogische Förderklassen an → Berufskollegs.

Hausunterricht

Hausunterricht ist ein Angebot für kranke Schüler (§ 21 Absatz 1 SchulG). Auch wenn sich die Regelungen für den Hausunterricht als Zweiter Teil (§§ 43 bis 46) in der Ausbildungsordnung sonderpädagogische Förderung finden, handelt ist dabei nicht um eine → sonderpädagogische Förderung, sondern um ein eigenständiges System von Angeboten für Schüler, die in einer besonderen Lebenslage besondere Hilfen benötigen.

Anspruch auf Hausunterricht haben Schüler, die wegen einer Krankheit länger als sechs Wochen ihre Schule nicht besuchen können oder wegen einer chronischen Erkrankung den Unterricht ihrer Schule an mindestens einem Tag in der Woche langfristig und regelmäßig versäumen müssen (z.B. Dialysepatienten). Ferner können schwangere Schülerinnen während der gesetzlichen Schutzfristen vor und nach der Entbindung Hausunterricht erhalten.

Der Hausunterricht findet im häuslichen Umfeld statt und ist für die Eltern kostenlos. Er kann nach Rücksprache mit dem behandelnden Arzt von den Eltern bei der bisher von dem Kind besuchten Schule (Stammschule) beantragt werden (§ 43 AO-SF). Dabei ist ein ärztliches Gutachten vorzulegen (§ 44 AO-SF). Die Entscheidung über die Erteilung von Hausunterricht wird vom Schulamt getroffen.

Im Rahmen einer zwingend erforderlichen prä- oder poststationären Versorgung kann der Hausunterricht im Einzelfall auch von einer → Schule für Kranke erteilt werden.

Der Hausunterricht beschränkt sich in der Regel auf die Fächer Deutsch, Mathematik und Fremdsprachen sowie auf die Fächer, die im Klassenunterricht mit mehr als drei Wochenstunden vertreten oder Prüfungsfach sind (§ 45 AO-SF).

Am Ende eines Schuljahres und bei Beendigung des Hausunterrichts geben die Lehrkräfte, die den Hausunterricht erteilt haben, eine zusammenfassende Beurteilung über den Bildungsstand und die Leistungsfähigkeit des Schülers ab (§ 46 AO-SF). Nach der Rückkehr in die Stammschule nehmen sie in der Regel zunächst probeweise bis zum nächsten Zeugnistermin am Unterricht ihrer bisherigen Klasse teil.

Hören und Kommunikation

Bei einer Hörschädigung setzt schon bald nach der Geburt eine → pädagogische Frühförderung als Angebot an die Eltern ein.

Ein → Bedarf an sonderpädagogischer Unterstützung im Förderschwerpunkt Hören und Kommunikation besteht, wenn das schulische Lernen auf Grund von Gehörlosigkeit oder Schwerhörigkeit schwerwiegend beeinträchtigt ist (§ 7 AO-SF).

Gehörlosigkeit liegt vor, wenn lautsprachliche Informationen der Umwelt nicht über das Gehör aufgenommen werden können.

Schwerhörigkeit liegt vor, wenn trotz apparativer Versorgung lautsprachliche Informationen der Umwelt nur begrenzt aufgenommen werden können und wenn erhebliche Beeinträchtigungen in der Entwicklung des Sprechens und der Sprache oder im kommunikativen Verhalten oder im Lernverhalten auftreten oder wenn eine erhebliche Störung der zentralen Verarbeitung der Höreindrücke besteht.

Im Unterricht im Förderschwerpunkt Hören und Kommunikation sind die Lautsprache und die –> **Gebärdensprache** gleichberechtigte Kommunikationsformen in allen Fächern (§ 23 Absätze 2 und 3 AO-SF).

Die Zeugnisse bewerten bei den Leistungen in Deutsch die Leistungen in Lautsprache oder Gebärdensprach oder in beiden Sprachen.

Der Unterricht in dem Förderschwerpunkt Hören und Kommunikation führt
✓ zielgleich zu den Abschlüssen der allgemeinen Schule (§ 23 Absatz 1 Nr. 1 AO-SF) oder
✓ zieldifferent zu den Abschlüssen der Bildungsgänge → Lernen (§ 23 Absatz 1 Nr. 2 und Absatz 5 iVm §§ 31 bis 37 AO-SF) oder → Geistige Entwicklung

(§ 23 Absatz 1 Nr. 3 und Absatz 6 iVm §§ 38 bis 41 AO-SF) wenn neben dem Förderschwerpunkt Hören und Kommunikation einer dieser Förderschwerpunkte festgelegt worden war.

Inklusiv

Der Begriffswandel von der Integration zur Inklusion bedeutet, dass es nicht mehr darum geht, Menschen mit einer Behinderung zur Teilhabe an einem Regelsystem zu befähigen, sondern das Regelsystem so einzurichten, dass es gleichermaßen den Bedürfnissen aller Menschen mit all ihren Unterschieden gerecht wird.

Das Attribut „inklusiv" ist aus der englischsprachigen Fassung des Artikels 24 VN-BRK („inklusive education system at all levels") übernommen. Es geht dabei um soziale Teilhabe von Menschen mit Behinderungen in einem umfassenden Sinn.

Inklusionskoordinatoren

Zur Unterstützung des Inklusionsprozesses gibt es in Nordrhein-Westfalen in allen 53 Schulamtsbezirken Stellen für Inklusionskoordinatoren. Aufgabe der Koordinatoren ist, sich um die Umsetzung der Inklusion vor Ort kümmern. Sie unterstützen das Staatliche Schulamt bei seiner Aufgabe, dem neu eingeführten → Elternwahlrecht gerecht zu werden.

Die Inklusionskoordinatoren bündeln die Wünsche der Eltern von Schülern mit einem → Bedarf an sonderpädagogischer Unterstützung und koordinieren dies mit dem Angebot an freien Plätzen an den Schulen, die → Gemeinsames Lernen anbieten. Dazu sind vielfältige Absprachen zwischen den verschiedenen Schulaufsichtsebenen, Schulträgern und Schulen notwendig. Letztlich geht es darum, Wünsche und Angebote zur Zufriedenheit aller zusammenzubringen.

Bei Inklusionskoordinatoren handelt es sich um Lehrkräfte, die ihre Praxiserfahrungen auch in eine administrative Tätigkeit einbringen können. Im Schuljahr 2015/16 wird dieses Team verstärkt: In jedem Schulamt werden → Fachberater für Inklusion hinzukommen, die ebenfalls die qualitative Weiterentwicklung des Inklusionsprozesses im Blick haben werden.

Integrative Lerngruppen

Integrative Lerngruppen konnten früher nach § 20 Absatz 8 SchulG a. F. eingerichtet werden. In den Lerngruppen lernten in der Regel Schüler mit sonderpädagogischem Förderbedarf, die zieldifferent unterrichtet wurden, gemeinsam mit Schülern ohne Förderbedarf. Sie waren ein erster Schritt zur Einführung des zieldifferenten Lernens in den Schulformen der Sekundarstufe I oder mit Sekundarschule I. Die zum Zeitpunkt des Inkrafttretens (1. August 2014) des 9. Schulrechtsänderungsgesetzes (2013) bestehenden Lerngruppen bleiben nach Artikel 2 Absatz 3 dieses Gesetzes bis zum Ende der Schullaufbahn ihrer Schülerinnen und Schüler bestehen (Bestandschutz).

Neue Lerngruppen konnten letztmals zum Schuljahr 2013/14 gebildet werden. Dies gilt nicht nur für öffentliche Schulen sondern auch für private Ersatzschulen.

Integrationshelfer

Die so genannten Integrationshelfer (oder Schulbegleiter) unterstützen unter bestimmten Voraussetzungen einzelne Schüler mit → Behinderung im Rahmen der Eingliederungshilfe in der Schule.

Rechtsgrundlagen für die Gewährung von Eingliederungshilfe an einen Schüler sind nicht schulrechtliche Bestimmungen sondern § 35 a Achtes Buch – Sozialgesetzbuch – Kinder- und Jugendhilfe – (SGB VIII) und §§ 53, 54 Zwölftes Buch – Sozialgesetzbuch – Sozialhilfe – (SGB XII).

Maßnahmen der Frühförderung für Kinder, die noch nicht eingeschult sind, werden unabhängig von der Art der Behinderung vorrangig von den Trägern der Sozialhilfe nach den Bestimmungen des SGB XII gewährt. Für Kinder, Jugendliche und junge Volljährige mit einer körperlichen oder geistigen oder Mehrfachbehinderung besteht ebenfalls eine Zuständigkeit des Sozialhilfeträgers. Das Jugendamt leistet hingegen Eingliederungshilfen für seelisch behinderte Kinder und Jugendliche nach SGB VIII nach der Einschulung.

Ziel der Eingliederungshilfe ist es, eine drohende Behinderung zu verhüten oder eine Behinderung und deren Folgen zu beseitigen oder zu mildern und die behinderten Menschen in die Gesellschaft einzugliedern. Hierzu gehört insbesondere dem behinderten Menschen die Teilnahme am Leben in der Gemeinschaft zu ermöglichen oder zu erleichtern, ihm eine angemessene Schulbildung und die Ausübung eines angemessenen Berufs oder einer sonstigen angemessenen Tätigkeit zu ermöglichen oder ihn so weit wie möglich unabhängig von Pflege zu machen.

Aufwendungen für die Schulbegleitung zählen weder zu den vom Land noch zu den vom kommunalen Schulträger aufzubringenden Schulkosten (§ 92 Absatz 1 Satz SchulG). Es gibt zwar einen schulrechtlichen Anspruch auf sonderpädagogische Unterstützung, jedoch keinen schulrechtlichen Anspruch auf individuelle Betreuung eines Schülers mit → Bedarf an sonderpädagogischer Unterstützung während des Unterricht durch eine Assistenzkraft, um ihn in die Lage zu versetzen, das Unterrichtsangebot überhaupt wahrnehmen zu können.

Eingliederungshilfe und damit eine Schulbegleitung kann nicht durch die Schule, sondern ausschließlich durch den Schüler (in der Regel vertreten durch die Eltern) in Anspruch genommen und beantragt werden (Individualanspruch). Der Anspruch ist unabhängig vom → Förderort. Bei der Entscheidung über die Gewährung von Eingliederungshilfe handelt es sich sowohl dem Grunde nach wie auch hinsichtlich der Art und des Umfangs um eine Entscheidung, die ausschließlich durch den Sozialhilfeträger bzw. den Jugendhilfeträger und nicht durch das kommunale Schulverwaltungsamt oder das staatliche Schulamt getroffen wird. Die Finanzierung erfolgt im Rahmen der Sozialhilfe bzw. der Jugendhilfe.

Insbesondere wegen der in den letzten Jahren stark gestiegenen Aufwendungen für Schulbegleitung wird gegenwärtig in einigen Kommunen (z. B. Köln) erprobt, ob es Sinn macht, Hilfen zu bündeln und aus individuellen Hilfen systemische Hilfen zu machen (so genanntes „Poolen"). So kann möglicherweise auch die vielfach beklagte Anwesenheit mehrerer Erwachsener in einer Klasse vermieden werden. Ebenfalls erprobt wird in einigen Kommunen (z. B. Dortmund), wie die mit dem Einsatz von Assistenzkräften verbundenen komplexen Abläufe verbessert können.

Aufgabe der im Rahmen der Eingliederungshilfe tätigen Assistenzkräfte ist, den betroffenen jungen Menschen dabei zu unterstützen, dass er an der schulischen Bildung und Erziehung teilnehmen kann. Hierzu gehören zum Beispiel lebenspraktische Hilfestellungen, einfache pflegerische Tätigkeiten, Hilfen zur Mobilität, Herstellen sozialer Kontakte, Hilfestellung bei Krisen, Unterstützung bei der Kommunikation mit Lehrkräften und Mitschülern.

Im Bereich der Jugendhilfe geht es beispielsweise um den Umgang von seelisch behinderten Kindern und Jugendlichen mit Aggressionen, die Bewältigung von Ängsten, die Stärkung des Sozialverhaltens und um Hilfen bei der Kommunikation mit Anderen.

Die Vermittlung von Wissen durch Unterricht gehört nicht zu den Aufgaben der Assistenzkräfte. Dies ist allein Aufgabe der Lehrkräfte. Sie sind auch keine Assistenten der Lehrkräfte bei der Vermittlung der Unterrichtsinhalte.

Die Schulleitung ist für die Erfüllung des Bildungs- und Erziehungsauftrags der Schule verantwortlich (§ 57 Absatz 2 Satz 1 Nr. 2 SchulG). Sie kann deswegen allen an der Schule tätigen Personen und damit grundsätzlich auch den im Rahmen der Eingliederungshilfe tätigen Integrationshelfern Weisungen erteilen (§ 57 Absatz 2 Satz 2 SchulG). Sie hat dabei jedoch zu beachten, dass diese Personen nicht im Landesdienst stehen und einen eigenen sozialrechtlichen Auftrag haben, den sie eigenverantwortlich nach Maßgabe eines Hilfeplans erfüllen. Damit es nicht zu Konflikten kommt, sollten von der Schulleitung bzw. den Lehrkräften möglichst frühzeitig konkrete und klare Absprachen über den Einsatz von Assistenzkräften und ihre Einbindung in die Arbeit der Schule getroffen werden.

Der Einsatz eines Integrationshelfers in einer Schule bedarf in jedem Einfall der Zustimmung der Schulleitung, da es sich dabei um „schulfremdes" Personal handelt. Der Schulleitung ist ein erweitertes Führungszeugnis nach § 30 a Bundeszentralregistergesetz vorzulegen, das über Personen erteilt werden kann, die beruflich, ehrenamtlich oder in sonstiger Weise kinder- oder jugendnah tätig sind oder tätig werden sollen.

Weitergehende Informationen zur Eingliederungshilfe finden sich beispielsweise auf der Website des Landschaftsverbands Westfalen-Lippe: *http://www.lwl.org/LWL/ Soziales/Behindertenhilfe/Eingliederungshilfe*

Intensivpädagogische Förderung

Eine intensivpädagogische Förderung findet bei einer Schwerstbehinderung statt. Dabei handelt es sich nicht um einen eigenständigen → Förderschwerpunkt. Aus diesem Grunde finden sich die Vorgaben für eine intensivpädagogische Förderung in der Ausbildungsordnung sonderpädagogische Förderung bei den Verfahrensregelungen.

Eine Schwerstbehinderung im schulrechtlichen Sinn liegt dann vor, wenn der Bedarf an sonderpädagogischer Unterstützung in den Förderschwerpunkten

- ✓ Geistige Entwicklung (§ 5 AO-SF),
- ✓ Körperliche und motorische Entwicklung (§ 6 AO-SF),
- ✓ Emotionale und soziale Entwicklung (§ 4 Absatz 4 AO-SF),
- ✓ Sehen (§ 8 AO-SF) oder
- ✓ Hören und Kommunikation (§ 7 AO-SF)

erheblich über das übliche Maß hinausgeht (§ 15 Absatz 1 AO-SF). „Erheblich" bedeutet, dass der Bedarf deutlich und wesentlich das für jeden erkennbare normale Maß an sonderpädagogischer Unterstützung übersteigt.

Feststellungen nach der Sozialgesetzgebung sind für die Entscheidung der Schulaufsichtsbehörde nicht maßgeblich, da es sich um ein pädagogisches Urteil handelt (§ 15 Absatz 2 AO-SF).

Die Entscheidung der Schulaufsichtsbehörde über das Vorliegen einer Schwerstbehinderung bedarf der Zustimmung der oberen Schulaufsichtsbehörde (§ 15 Absatz 3 AO-SF). Dieser Zustimmungsvorbehalt soll gewährleisten, dass in nach vergleichbaren Maßstäben entschieden wird.

Jährliche Überprüfung

Die Feststellungen über den → Bedarf an sonderpädagogischer Unterstützung und die Festlegung des → Förderschwerpunkts (und damit auch des → Bildungsgangs) durch das Schulamt sind in der Regel nicht befristet. Hierzu besteht auch keine Notwendigkeit, da § 17 AO-SF von Amts wegen mindestens einmal jährlich eine Überprüfung der Schulaufsichtsbehörde vorsieht. Gerade im Förderschwerpunkt → Emotionale und soziale Entwicklung ist die Rückführung in eine → allgemeine Schule mit ihren jeweiligen → Bildungsgängen das vorrangige Ziel der sonderpädagogischen Förderung.

Zuständig für die Überprüfung ist die Klassenkonferenz. Die Entscheidung über Fortbestand liegt letztlich beim Schulamt. Dies geschieht durch einen förmlichen Verwaltungsakt (§ 18 Absatz 2 AO-SF).

Die Schulaufsichtsbehörde entscheidet auch über einen Wechsel des Förderorts. Dies kann auch für einen Zeitraum bis zu sechs Monaten probeweise geschehen (§ 17 Absatz 3 Satz 2 AO-SF). Der Wechsel sollte in der Regel zum Schuljahresbeginn vorgenommen werden.

Körperliche und motorische Entwicklung

Ein → Bedarf an sonderpädagogischer Unterstützung im Förderschwerpunkt Körperliche und motorische Entwicklung besteht, wenn das schulische Lernen auf Grund erheblicher Funktionsstörungen des Stütz- und Bewegungssystems, Schädigungen von Gehirn, Rückenmark, Muskulatur oder Knochengerüst, Fehlfunktion von Organen oder schwerwiegenden psychischen Belastungen infolge andersartigen Aussehens dauerhaft und umfänglich beeinträchtigt ist (§ 6 AO-SF).

Der Unterricht in dem Förderschwerpunkt Körperliche und motorische Entwicklung führt (unabhängig vom Förderort)

✓ zielgleich zur den Abschlüssen der allgemeinen Schule (§ 25 Absatz 1 Nr. 1 AO-SF) oder

✓ zieldifferent zu den Abschlüssen der Bildungsgänge Lernen (§ 25 Absatz 1 Nr. 2 und Absatz 2 iVm §§ 31 bis 37 AO-SF) oder Geistige Entwicklung (§ 25 Absatz 1 Nr. 3 und Absatz 3 iVm §§ 38 bis 41 AO-SF), wenn neben dem Förderschwerpunkt Körperliche und motorische Entwicklung einer dieser Förderschwerpunkte festgelegt worden war.

Die Förderung an Förderschulen mit dem Förderschwerpunkt Körperliche und motorische Entwicklung findet in der Regel ganztägig statt (§ 26 AO-SF).

Konnexität

Die nordrhein-westfälische Landesverfassung bestimmt in Artikel 78, dass bei der Übertragung neuer oder der Veränderung bestehender und übertragbarer Aufgaben ein finanzieller Ausgleich an die Kommunen zu leisten ist, wenn dies dort zu einer wesentlichen Belastung führt (Konnexitätsprinzip).

In dem Gesetzentwurf der Bundesregierung zur → Behindertenrechtskonvention hieß es noch, dass außer den Kosten für die Einrichtung einer unabhängigen Stelle für Durchführung und Überwachung der Konvention für die öffentlich Haushalte keine weiteren Kosten entstehen würden (siehe Bundesratsdrucksache 760/08). Als sich die Länder aber daran machten, Artikel 24 VN-BRK landesgesetzlich ins Schulrecht zu transformieren, stellte sich schnell heraus, dass die Frage der Konnexität der Inklusionsnormen eines der großen Streitthemen sein würde. Dies gilt auch für Nordrhein-Westfalen mit seinem seit 2004 bestehenden sogenannten strikten Konnexitätsprinzip. Vom Land wurde verneint, dass die mit den neuen Regelungen im Schulgesetz möglicherweise verbundenen Belastungen für die Kommunen von ihm finanziell ausgeglichen werden müssen. Die kommunalen Spitzenverbände sind dem entgegengetreten. Erst gegen Ende parlamentarischen Beratungen des von der Landesregierung vorgelegten Gesetzentwurfs für ein 9. Schulrechtsänderungsgesetz (Landtagsdrucksache 16/2432) kam es zu einer gewissen Verständigung zwischen den Beteiligten (vgl. Artikel 4 § 3 des 9. Schulrechtsänderungsgesetzes (2013)).

Die nach der Verabschiedung des 9. Schulrechtsänderungsgesetzes weitergeführten Gespräche zwischen den Koalitionsfraktionen von SPD und GRÜNEN, der Landesregierung und den drei kommunalen Spitzenverbänden mündeten in den Entwurf eines Gesetzes zur Förderung kommunaler Aufwendungen für die schulische Konklusion (Landtagsdrucksache 16/5751). In der Begründung zum Gesetzentwurf heißt es, die Landesseite habe als Ergebnis der Verhandlungen mit den Kommunalen Spitzenverbänden und im Rahmen des gegenseitigen Gebens und Nehmens die Konnexität des 9. Schulrechtsänderungsgesetzes anerkannt, soweit es um die Sachkosten der Schulträger gehe. Die kommunale Seite habe akzeptiert, dass das Land die weiteren Leistungen freiwillig erbringt und diese nicht der Finanzierung individueller jugend- und sozialhilferechtlicher Ansprüche dienen. Der Landtag hat das Gesetz im Juli 2014 verabschiedet; es ist zeitgleich mit dem 9. Schulrechtsänderungsgesetz (2013) am 1. August 2014 in Kraft getreten (GV. NRW. S. 404).

Nach § 1 des Gesetzes zur Förderung kommunaler Aufwendungen für die schulische Inklusion erhalten die Gemeinden und Kreise als Schulträger einen finanziellen Ausgleich für die Belastungen, die ihnen bei den Sachkosten infolge des 9. Schulrechtsänderungsgesetzes (2013) entstehen. Die wesentlichen Einzelposten sind die Kosten für Gebäude und – in deutlich geringerem Umfang – für Lernmittel, Lehrmittel und Schülerfahrkosten. Der Aufwand nach § 1 des Gesetzes wird pauschaliert. Die jährliche Leistung des Landes an alle Gemeinden und Kreise beträgt 25 Millionen Euro. Der Anteil der einzelnen Gemeinden und Kreise wird sich im kommenden Schuljahr nach der Schülerzahl der allgemeinen Schulen der Primarstufe und der Sekundarstufe I in ihrer Trägerschaft richten. Bei den Schulen beider Sekundarstufen (Gymnasien, Gesamtschulen) sind die Schülerzahlen allein der Sekundarstufe I maßgeblich.

Nach einem von der Landesregierung am 20. Mai 2015 unter Beteiligung der Kommunalen Spitzenverbände vorgelegten Bericht über die Evaluation des Gesetzes zur Förderung kommunaler Aufwendungen für die schulische Inklusion vom 9. Juli 2014 sollen die Zuweisungen des Landes an die Kommunen auskömmlich sein: *http://www. schulministerium.nrw.de/docs/bp/Ministerium/Presse/Pressemitteilungen/2015_16_Leg-Per/PM20150521/Bericht-Landtag-Evaluation-Stand.pdf*

Koordinierungsstelle

Die Staatliche Koordinierungsstelle zur Umsetzung der → Behindertenrechtskonvention ist auf Bundesebene bei der Beauftragten der Bundesregierung für die Belange behinderter Menschen angesiedelt. Sie soll die Umsetzung erleichtern und Menschen mit Behinderung sowie die breite Zivilgesellschaft aktiv in den Umsetzungsprozess einbinden. Die Koordinierungsstelle ist somit die Schnittstelle zwischen der Zivilgesellschaft und der staatlichen Ebene. Ihre Aufgabe nimmt sie insbesondere durch Öffentlichkeitsarbeit und bewusstseinsbildende Maßnahmen wahr. Weitere Informationen finden sich auf den Webseiten des Behindertenbeauftragten: *http://www. behindertenbeauftragte.de/DE/Koordinierungsstelle/Koordinierungsstelle_node.html*

Auf Landesebene nimmt die Aufgabe einer Staatlichen Koordinierungsstelle die Beauftragte der Landesregierung für die Belange der Menschen mit Behinderung in Nordrhein-Westfalen wahr: *http://www.lbb.nrw.de/*

Kultusministerkonferenz

Die Änderungen des Schulgesetzes NRW durch das 9. Schulrechtsänderungsgesetz (2013) zur Umsetzung der → Behindertenrechtskonvention folgen den Beschlüssen der Kultusministerkonferenz (KMK):

✓ „Pädagogische und rechtliche Aspekte der Umsetzung des Übereinkommens der
Vereinten Nationen vom 13. Dezember 2006 über die Rechte von Menschen mit
Behinderungen (Behindertenrechtskonvention – VN-BRK) in der schulischen
Bildung" vom 18. November 2010.

✓ „Inklusive Bildung von Kindern und Jugendlichen mit Behinderungen an Schulen" vom 20. Oktober 2011.

Die beiden Beschlüsse knüpfen an die in den „Empfehlungen zur sonderpädagogischen Förderung in den Schulen der Bundesrepublik Deutschland" (Beschluss vom
6. Mai 1994) enthaltenen Grundpositionen an.

Die Beschlüsse finden sich auf der Homepage der Kultusministerkonferenz: *http://
www.kmk.org/bildung-schule/allgemeine-bildung/sonderpaedagogische-foerderung-
inklusion.html*

Lehrerausbildung

Beim Lehramt für sonderpädagogische Förderung zeichnet sich bis zum Jahr 2020
ein Bewerbermangel ab, der durch Altbewerber für dieses Lehramt nicht aufgefangen
werden kann. Da der Weg zu einem inklusiven Schulsystem nicht zu einem Abbau
sonderpädagogischer Kompetenz innerhalb der Lehrerkollegien führen darf, mussten
die Ausbildungskapazitäten an den Hochschulen angepasst werden.

Das nordrhein-westfälische Wissenschaftsministerium stellt deswegen bis 2018 ca.
70 Millionen Euro für den Auf- und Ausbau von Studienplätzen für das sonderpädagogische Lehramt zur Verfügung. Zukünftig werden sechs statt bislang drei nordrhein-westfälische Universitäten eine sonderpädagogische Lehrausbildung anbieten.
Insgesamt sollen in den nächsten fünf Jahren insgesamt bis zu 2.300 Studienplätze in
neu geschaffen werden.

Presseerklärung des Ministeriums für Innovation, Wissenschaft und Forschung des Landes
Nordrhein-Westfalen vom 18. Juni 2013 „Wichtiger Baustein für Inklusion: Mehr Lehramt-
studienplätze für angehende Sonderpädagogen. "

Die Erweiterung der Studienkapazitäten an Universitäten wird erst längerfristig zu
zusätzlichen Abschlüssen führen. In der Übergangsphase werden zur Schließung der
Bewerberlücke zeitlich befristet Qualifikationsmaßnahmen angeboten, an deren Ende
der Erwerb des Lehramtes für sonderpädagogische Förderung steht. Im Zuge dieser
zeitlich befristeten besonderen Qualifizierungsmaßnahme werden in zehn Durchgän-
gen insgesamt bis zu 2.500 Lehrkräfte ausgebildet werden. Die ersten 200 Lehrkräfte
sind am 1. Februar 2013 gestartet.

An den Qualifikationsmaßnahmen können nicht nur Lehrkräfte mit einem anderen
Lehramt teilnehmen, die sich bereits im Landesdienst befinden, sondern auch Lehrkräfte, die sich Rahmen des Lehrereinstellungsverfahrens vertraglich zu einer Teilnahme verpflichten.

Informationsbroschüre des Ministeriums für Schule und Weiterbildung des Landes Nordrhein-Westfalen „Berufsbegleitende Ausbildung zum besonderen Erwerb des Lehramtes für sonderpädagogische Förderung (VOBASOF)" vom 15. Juni 2013.

Verordnung zur berufsbegleitenden Ausbildung zum Erwerb des Lehramts für sonderpädagogische Förderung (VOBASOF) vom 20. Dezember 2012 (GV. NRW. 2013 S. 4).

Es geht aber nicht nur um die Ausbildung von Lehrkräften mit dem Lehramt für sonderpädagogische Förderung, sondern um die Ausbildung aller Lehrerkräfte. Inklusion, also der gemeinsame Unterricht von Kindern und Jugendlichen mit unterschiedlichen Lern- und Leistungsvoraussetzungen in allgemeinen Schulen, ist eine Querschnittaufgabe in der Lehrerbildung. Die Kultusministerkonferenz und die Hochschulrektorenkonferenz empfehlen deswegen eine inklusive Gesamtkonzeption der lehrerbildenden Studiengänge. Übergreifende Konzepte für bildungswissenschaftliche, fachdidaktische und fachwissenschaftliche Module und Lehrveranstaltungen sollen die Module der Basisqualifizierung ergänzen.

„Lehrerbildung für eine Schule der Vielfalt Gemeinsame Empfehlung von Hochschulrektorenkonferenz und Kultusministerkonferenz" (Beschluss der Kultusministerkonferenz vom 12.03.2015/Beschluss der Hochschulrektorenkonferenz vom 18.03.2015)

Lehrerfortbildung

Der Inklusionsprozess wird mit begleitenden Fortbildungen insbesondere für die Lehrkräfte an allgemeinen Schulen unterstützt. Aus dem sogenannten Inklusionsfonds, der um 1,25 Millionen auf 3,7 Millionen Euro erhöht wurde, wird unter anderem ein umfassendes Fortbildungsangebot finanziert, mit dem Lehrkräfte bei der Wahrnehmung ihrer Aufgaben unterstützt und begleitet werden.

Seit Ende 2011 wurden in den 53 Kompetenzteams mit Hilfe von Wissenschaftlern der Universitäten Köln und Osnabrück sowie der Medienberatung NRW mehr als 300 Moderatoren ausgebildet. Sie sind in der Regel als Tandems aus Förderschullehrkraft und Lehrkraft der allgemeinen Schule organisiert. Ihre Aufgabe ist es, die allgemeinen Schulen insbesondere beim Umgang mit Schülern mit Lern- und Entwicklungsstörungen zu unterstützen. Die Moderatoren können von den Schulen für Fortbildungen angefordert werden, soweit die jeweiligen Hauptpersonalräte für ihre Schulform der landesweiten Maßnahme zugestimmt haben. Das Angebot kann auf den Bedarf einzelner Schulen zugeschnitten werden, wobei die Begleitung über einen längeren Zeitraum erfolgen kann. Nähere Informationen finden sich unter: *http://www.lehrerfortbildung.schulministerium.nrw.de*

Lernen

Der Förderschwerpunkt Lernen gehört zur den → Lern- und Entwicklungsstörungen (§ 4 Absatz 1 AO-SF). Ein → Bedarf an sonderpädagogischer Unterstützung in diesem Förderschwerpunkt besteht, wenn die Lern- und Leistungsausfälle schwerwiegender, umfänglicher und langandauernder Art sind (§ 4 Absatz 2 AO-SF).

Bei dem → Bildungsgang mit dem Förderschwerpunkt Lernen handelt es sich um einen → zieldifferenten Bildungsgang (§§ 29, 31 bis 37 AO-SF).

Unabhängig vom → Förderort richten sich die Unterrichtsfächer und die Stundentafeln nach denen der Grundschule und der Hauptschule (§ 31 AO-AF). Ob die für das Fach Englisch vorgesehenen Unterrichtsstunden für dieses Fach oder für Verstärkungsangebote in anderen Fächern genutzt werden, entscheidet die Klassenkonferenz.

Die → Leistungsbewertung erfolgt auf der Grundlage des individuellen → Förderplans und erstreckt sich auf die Ergebnisse des Lernens und der individuellen Lernfortschritte (§ 32 AO-SF). Ab der Klasse 4 ist in den Zeugnissen zusätzlich eine Bewertung mit Noten zulässig.

Eine Versetzung findet nicht statt; am Ende jedes Schuljahres entscheidet vielmehr die Klassenkonferenz darüber, in welcher Klasse die Schülerin oder der Schüler im nächsten Schuljahr gefördert wird (§ 34 AO-SF).

Ein Schüler, der die Schule (nach Erfüllen der Vollzeitschulpflicht) vor der Klasse 10 verlässt, erhält ein Abschlusszeugnis, das die erworbenen Kenntnisse, Fähigkeiten und Fertigkeiten bescheinigt (§ 35 Absatz 1 AO-SF).

Bei der Entscheidung über die Aufnahme in die Klasse 10 wird zugleich über den Bildungsgang entschieden, in den der Schüler aufgenommen wird (§ 36 AO-SF). Dies kann zum einen
✓ der Bildungsgang sein, der zu dem neu eingeführten „Abschluss des Bildungsgangs Lernen" führt, und zum anderen
✓ der Bildungsgang, der zu einem dem Hauptschulabschluss gleichwertigen Abschuss führt.

Lern- und Entwicklungsstörungen

Lern- und Entwicklungsstörungen umfassen als Oberbegriff die Förderschwerpunkte → Lernen, → Sprache sowie → Emotionale und soziale Entwicklung (§ 4 AO-SF).

Medikamentenabgabe

Die Versorgung von Schülern mit medizinisch erforderlichen Medikamenten ist Teil der den Eltern obliegenden Personensorge und erfolgt möglichst im häuslichen Umfeld. Im Rahmen einer medizinisch gebotenen Behandlung oder Vorsorge bei chronischen Erkrankungen oder Behinderungen muss die Schule Betroffenen auch während des Unterrichts, der Betreuungszeit unmittelbar vor und nach dem Unterricht (offener Ganztag) oder einer Schulfahrt die Einnahme von Medikamenten ermöglichen.

Auch wenn ein Schüler wegen des Alters oder einer Behinderung nicht in der Lage ist, Medikamente selbst einzunehmen, kann eine Lehrkraft nicht zur Medikamentengabe verpflichtet werden. Falls sie sich dennoch hierzu bereit erklärt, empfiehlt es sich, von den Eltern eine eindeutige ärztliche Anweisung zu verlangen und außerdem mit ihnen aus Gründen der Rechtssicherheit eine schriftliche Vereinbarung abzuschließen. Die Schulleitung sollte auf jeden Fall eingebunden werden.

In der schriftlichen Vereinbarung mit den Eltern ist neben einem Haftungsausschluss zugunsten der Lehrkraft mindestens festzuhalten, um welches Medikament es sich handelt, dass es von den Eltern beschafft wird, in welcher Form und Dosierung es verabreicht werden soll, welche Nebenwirkungen auftreten können, welche Maßnahmen im Notfall zu ergreifen sind und wer dann zu benachrichtigen ist.

Für den Fall, dass ein Schüler bei der Gabe von Medikamenten zu Schaden kommt, besteht Versicherungsschutz durch die gesetzliche Unfallversicherung (Unfallkasse NRW). Voraussetzung hierfür ist, dass die Personensorge in Bezug auf die Medikamentengabe von den Eltern auf die Schule oder eine Lehrkraft übertragen wurde.

Unberührt hiervon bleibt die Pflicht, bei einem Unglücks- oder Notfall wie einer schweren allergischen Reaktion Hilfe zu leisten (Nothilfe). Bis zum Eintreffen professioneller Hilfe hat eine Lehrkraft – wie jeder andere auch – alles ihr Zumutbare und Mögliche zu tun, um die bestehende Gefahr abzuwehren.

Medizinisches Gutachten

Anders als früher braucht ein medizinisches Gutachten im Rahmen eines → Feststellungsverfahrens nicht mehr in jedem Fall eingeholt zu werden, sondern nur noch dann wenn es tatsächlich erforderlich ist (§ 19 Absatz 5 Satz 2 SchulG, § 13 Absatz 3 und 4 AO-SF).

Insbesondere bei → Sinnesschädigungen kann die Schulaufsichtsbehörde häufig auf bereits vorhandene Gutachten und Atteste zurückgreifen. Bei den → Lern- und Entwicklungsstörungen werden medizinische Gutachten nicht in allen Fällen benötigt. Etwas anderes gilt für → Autismus-Spektrum-Störungen (§ 42 Absatz 2 AO-SF).

Das schulärztliche Gutachten enthält Aussagen
✓ zur Anamnese,
✓ zur Seh- und Hörfähigkeit,
✓ zum Gesundheitszustand und
✓ zur Behinderung.

Falls sich das Gutachten verzögert, kann die Schulaufsichtsbehörde mit Einverständnis der Eltern eine probeweise → sonderpädagogische Förderung für bis zu sechs Monate anordnen (§ 14 Absatz 4 AO-SF).

Migrationshintergrund

Mangelnde Kenntnisse der deutschen Sprache aufgrund einer anderen Herkunftssprache begründen keinen → Bedarf an sonderpädagogischer Unterstützung im Förderschwerpunkt → Sprache (§ 20 AO-SF). Dieser an sich selbstverständlichen Feststellung liegt die Erfahrung zugrunde, dass allgemeine Schulen fehlende deutsche Sprachkenntnisse zum Anlass genommen haben, die Durchführung eines →

Feststellungsverfahrens zu beantragen, ohne zuvor alle eigenen Fördermöglichkeiten ausgeschöpft zu haben.

Der früher hierfür vorgeschriebene Zeitraum von mindestens 20 Schulbesuchswochen ist 2014 weggefallen. Die allgemeine Schule soll ihre Schüler mit Migrationshintergrund, bei denen sie einen Bedarf an sonderpädagogischer Unterstützung im Bereich der Lern- und Entwicklungsstörungen vermutet, deutlich länger unterrichten, bevor sie ein formliches Feststellungsverfahren einleitet.

Der Bedarf an sonderpädagogischer Unterstützung ist auch mit Hilfe sprachunabhängiger Verfahren zu ermitteln.

Mindestgrößen von Förderschulen

Vorgaben zur Mindestgrößen von Schulen gibt es in Nordrhein-Westfalen mit Ausnahme der Berufskollegs für alle Schulformen, um einen geordneten Schulbetrieb mit pädagogischer Qualität und effektivem Mitteleinsatz zu gewährleisten (siehe § 82 SchulG).

Die Mindestgrößen der → Förderschulen wurden auf der Grundlage einer gesetzlichen Ermächtigung in § 82 Abatz 10 SchulG in der Verordnung über die Mindestgrößen der Förderschulen und der Schulen für Kranke (MindestgrößenVO) vom 16. Oktober 2013 (BASS 10 – 12 –Nr. 1) unter Berücksichtigung der gegenwärtigen Rahmenbedingungen neu bestimmt.

Die neuen Mindestgrößen orientieren sich an den Klassenfrequenzrichtwerten und betreffen vor allem Förderschulen mit dem Förderschwerpunkt → Lernen. Ihre Schülerzahl ist in den letzten Jahren erheblich gesunken, weil immer mehr Eltern für ihr Kind den Besuch einer → allgemeinen Schule wünschen. Die Mindestschülerzahl einer Förderschule mit dem Förderschwerpunkt Lernen beträgt nun

✓ 144, wenn sie Primarstufe und Sekundarstufe I umfasst und – neu –
✓ 112, wenn sie nur in der Sekundarstufe I geführt wird.

Die Mindestgrößen der übrigen Förderschulen liegen im Interesse erreichbarer Angebote teils deutlich darunter. Die frühere Ausnahmeregelung, die ein Unterschreiten der Mindestgröße um bis zur Hälfte erlaubte, ist im Interesse der Sicherung der pädagogischen Qualität und der angemessenen Lehrerversorgung entfallen.

Nicht jeder Schulstandort, der unter die Mindestgröße fällt, muss geschlossen werden. Durch die Zusammenlegung von Schulen und die Bildung von Teilstandorten können Gemeinden und Kreise als Schulträger ihr Schulangebot sinnvoll und effektiv organisieren. Die Schulträgerschaft zwischen Kreisen und Kommunen kann auch wechseln, wenn hierdurch stabile Schülerzahlen erreicht werden können.

Monitoring-Stelle

Das Deutsche Institut für Menschenrechte in Berlin ist von der Bundesregierung im Mai 2009 als Monitoring-Stelle für die → Behindertenrechtskonvention bestimmt worden. Die Monitoring-Stelle hat gemäß Artikel 33 Absatz 2 VN-BRK den Auftrag, die

Rechte von Menschen mit Behinderungen im Sinne der Konvention zur befördern und zu schützen sowie die Umsetzung der Konvention in Deutschland konstruktiv wie kritisch zu begleiten. Siehe: *http://www.institut-fuer-menschenrechte.de/monitoring-stelle.html*

Nachteilsausgleich

Soweit es eine Behinderung, eine chronische Erkrankung oder (bei → zielgleicher Förderung) ein → Bedarf an sonderpädagogischer Unterstützung erfordern, können bei einer Leistungsbewertung Vorbereitungszeiten und Prüfungszeiten angemessen verlängert und sonstige Ausnahmen vom Prüfungsverfahren zugelassen werden.

Die Gewährung eines Nachteilausgleichs zielt im Unterschied zu dem sogenannten Notenschutz darauf ab, die betroffen Schüler durch gezielte Hilfestellungen und Unterstützungsmaßnahmen in die Lage zu versetzen, ihre Fähigkeiten nachzuweisen und hierdurch die mit der Behinderung oder dem Bedarf an sonderpädagogischer Unterstützung verbundenen Nachteile zu kompensieren (prüfungsrechtlichen Gleichbehandlungsgebot).

Bei dem (in Nordrhein-Westfalen nicht zugelassenen) Notenschutz geht es dagegen um die Nichtberücksichtigung fachlicher Defizite und damit um eine Privilegierung gegenüber den Mitschülern.

Die Regelung für die Gewährung eines Nachteilsausgleichs finden sich in den Ausbildungs- und Prüfungsordnungen und zwar in
✓ § 6 Absatz 9 APO – SI,
✓ § 13 Absatz 7 APO-GOSt und
✓ § 15 APO-BK.

Bei einem Nachteilsausgleich geht es nicht nur um die Veränderung der äußeren Rahmenbedingungen für eine Leistungsbewertung oder Prüfung. Um einen Nachteilausglich handelt es sich auch dann, wenn Prüfungsformen niveaugleich und ohne Änderung der Bewertungsmaßstäbe modifiziert werden. Dies ist insbesondere dann der Fall, wenn eine schriftliche Leistung durch eine mündliche ersetzt wird oder umgekehrt. So kann ein stotternder Schüler bei der Überprüfung mündlicher Leistungen als Nachteilsausgleich zusätzliche Zeitvorgaben oder Alternativen zur mündlichen Prüfung erhalten.

Voraussetzung für die Gewährung eines Nachteilsausgleichs ist in jedem Fall, dass die vorgesehen Form des Nachteilsausgleichs der bisherigen Förderpraxis für den jeweiligen Schüler entspricht und dass dies von der Schule entsprechend dokumentiert ist.

Die fachlichen Anforderungen bleiben bei Abschlüssen und Berechtigungen durch die Gewährung eines Nachteilsausgleichs unberührt. Das auf der Behinderung beruhende Defizit darf also in keinem unmittelbaren Zusammenhang mit den zu bewertenden Leistungen stehen.

Die Entscheidung über die Gewährung eines Nachteilsausgleichs in den Zentralen Prüfungen 10 in NRW liegt seit 2012 nicht mehr bei der oberen Schulaufsichtsbehörde, sondern bei den einzelnen Schulen.

Vertiefende Informationen zur Gewährung eines Nachteilsausgleichs für die einzelnen Schulformen bzw. Schulstufen enthalten die vom Schulministerium 2015 herausgegebenen Arbeitshilfen zur Gewährung von Nachteilsausgleichen für Schüler mit Behinderungen, Bedarf an sonderpädagogischer Unterstützung oder besonderen Auffälligkeiten. Sie finden sich im nordrhein-westfälischen Bildungsportal unter folgendem Link: *https://www.schulministerium.nrw.de/docs/bp/Lehrer/Service/Ratgeber/index. html*

Ordnungsmaßnahmen

Ordnungsmaßnahmen im Sinne von § 53 SchulG knüpfen zwar an einen Regelverstoß eines Schülers an. Es handelt sich dabei aber nicht um eine Strafe im Sinne des Strafrechts. Ordnungsmaßnahmen im schulrechtlichen Sinn dienen vielmehr dazu, einen jungen Menschen nachhaltig auf sein falsches Verhalten hinzuweisen und auf ihn pädagogisch einzuwirken,
✓ um eine geordnete Erziehungs- und Unterrichtsarbeit wieder zu ermöglichen,
✓ um Mitschüler davon abzuhalten, sich ebenso zu verhalten und
✓ um Personen und Sachen zu schützen.

Ordnungsmaßnahmen sind – als gleichsam letztes pädagogisches Mittel – nur zulässig, wenn erzieherische Einwirkungen nicht mehr ausreichen. Sie können auch gegen einen Schüler mit einem → Bedarf an sonderpädagogischer Unterstützung angewendet werden. Dabei muss allerdings bedacht werden, um welchen Förderschwerpunkt es sich handelt und ob der Regelverstoß, der sanktioniert werden soll, von dem Schüler eigenverantwortlich herbeigeführt worden ist. Dies ist nicht als schuldhaftes Handeln im Sinne des Strafrechts zu verstehen. Es kommt vielmehr darauf an, ob der Schüler nach der gesamten Entwicklung reif genug ist, zu erkennen, dass sich gerügte Verhalten mit den schulischen Pflichten und dem ungestörten Ablauf des Schulbetriebs nicht vereinbaren lässt.

Die Aufzählung der Ordnungsmaßnahmen in § 53 Absatz 3 SchulG ist abschließend, wobei die Reihenfolge der Schwere des Eingriffs entspricht. Eine „körperliche Züchtigung" gehört nicht dazu. Sie ist unzulässig, da Kinder ein Recht auf gewaltfreie Erziehung haben. (§ 1631 Absatz 2 BGB). Verstöße können disziplinarrechtlich und strafrechtlich verfolgt werden.

Ordnungsverfahren

Eine Ordnungsmaßnahme ist ein einschneidender Eingriff in die Rechtssphäre eines Schülers. Die schulgesetzlichen Vorgaben für die Zuständigkeiten und das Verfahren zur Anwendung von → Ordnungsmaßnahmen sind deswegen genau zu beachten. Wo es um förmliche Verfahren geht, endet die pädagogische Freiheit. Dies gilt selbstverständlich auch für Schüler mit einem Bedarf an sonderpädagogischer Unterstützung.

Einzelne Lehrkräfte können keine Ordnungsmaßnahmen verhängen. Sie können auf ihre Schüler nur pädagogisch einwirken und – falls dies nicht ausreicht – ein Ordnungsverfahren initiieren.

Über die sogenannte kleinen Ordnungsmaßnahmen entscheidet in der Regel der Schulleiter (§ 53 Absatz 6 SchulG). Dabei handelt es sich um
✓ den schriftlichen Verweis,
✓ die Überweisung in eine Parallelklasse und
✓ den vorübergehenden Ausschluss vom Unterricht.

Will der Schulleiter nicht selbst entscheiden, kann er sich von einer durch die Lehrerkonferenz berufene Teilkonferenz beraten lassen oder ihr insgesamt die Entscheidung überlassen (§ 53 Absatz 7 SchulG).

Über die sogenannten großen Ordnungsmaßnahmen
✓ die Androhung der Entlassung von der Schule und
✓ die Entlassung selbst

entscheidet allein die bereits genannte Teilkonferenz (§ 53 Absatz 7 SchulG).

Der Teilkonferenz gehören ein Mitglied der Schulleitung, der Klassenlehrer oder der Jahrgangsstufenleiter und drei weitere, für die Dauer eines Schuljahres zu wählende Lehrkräfte als ständige Mitglieder an. Weitere für die Dauer eines Schuljahres zu wählende Mitglieder sind je eine Vertretung der Schulpflegschaft und Schülerrats. Diese dürfen an den Beratungen nur dann teilnehmen, wenn der betroffene Schüler oder seine Eltern dem nicht widersprechen. Sie haben volles Stimmrecht.

In dringenden und besonders gelagerten Fällen kann der Schulleiter einen Schüler vorläufig vom Unterricht oder von sonstigen Schulveranstaltungen ausschließen (Eilentscheidung). Die Anhörung, der Beschluss der Teilkonferenz sowie die Bekanntgabe der Ordnungsmaßnahmen sind unverzüglich nachzuholen.

Der Regelverstoß, der Anlass für die Einleitung des Ordnungsverfahrens ist, ist von der damit konfrontierten Lehrkraft in einem ersten Schritt zeitnah schriftlich festzuhalten (Sachverhaltsaufklärung). In diesem Vermerk sind insbesondere
✓ Ort und Zeitpunkt des Geschehens,
✓ beteiligte Personen, Zeugen,
✓ geschädigte Personen und
✓ beschädigte Sachen aufzunehmen.

Der Vermerk ist von der Lehrkraft, die ihn erstellt hat, mit einem Datum zu versehen und zu unterschreiben.

In einem zweiten Schritt ist zu entscheiden, ob eine weitere Aufklärung nötig ist. Hierzu gehört in der Regel eine Befragung des betroffenen Schülers möglichst durch zwei Lehrkräfte.

In die Niederschrift über die Befragung ist der für die Entscheidung über die Ordnungsmaßnahme erhebliche Sachverhalt aufzunehmen. Aussagen sind möglichst in wörtlicher Rede wiederzugeben. Wertungen, Schlussfolgerungen und Urteile sind zu vermeiden. Ein Aussageweigerungsrecht gibt es im Ordnungsverfahren nicht.

Die Niederschrift ist sowohl von der die Befragung durchführenden Lehrkraft als auch ggf. von der protokollführenden Lehrkraft zu unterschreiben und mit dem Datum des Tages zu versehen, an dem die Befragung stattgefunden hat. Entsprechendes gilt für die Befragung von anderen Personen als Zeugen.

Nicht außer Acht gelassen werden dürfen die Anhörung-und Beteiligungsrechte betroffener Personen (Rechtliches Gehör). Vor der Entscheidung über eine Ordnungs- maßnahme ist deswegen dem betroffenen Schüler und seinen Eltern Gelegenheit zu geben, sich zu den Vorwürfen zu äußern (§ 57 Absatz 8 SchulG). Dies geschieht in der Regel mündlich und muss vor der Stelle geschehen, die über die Maßnahme entschei- det (Schulleiter bzw. die von der Lehrerkonferenz berufenen Teilkonferenz).

Zu der Anhörung ist – sofern gewünscht – eine anderer Schüler oder eine Lehrkraft des Vertrauens aus der eigenen Schule hinzuzuziehen. Die Schüler vor der Anhörung auf diese Möglichkeit hinzuweisen.

Eine anwaltliche Vertretung oder Begleitung durch einen Rechtsanwalt ist in dem schulischen Ordnungsverfahren nicht möglich (§§ 2 Absatz 3 Nr. 3, 14 VwVfG NRW). Dies zwingt den Schüler und seien Eltern dazu, persönlich zu der Anhörung zu erscheinen, wenn sie ihren Standpunkt einbringen wollen.

Die Anwendung von Ordnungsmaßnahmen liegt im Ermessen der Schule (Ermes- sensentscheidung). Die Schule muss also nicht gegen jede Pflichtverletzung mit einer Ordnungsmaßnahme vorgehen. Der Schulleiter bzw. die Teilkonferenz hat vielmehr zu entscheiden, ob es im konkreten Fall angemessen und zweckmäßig ist, eine Ord- nungsmaßnahme zu erlassen oder ob eine erzieherische Einwirkung möglicherweise ausreicht (Grundsatz der Verhältnismäßigkeit). Dabei ist das Gewicht des Pflicht- verstoßes einerseits und andererseits die daraus resultierenden Folgen für die Unter- richts- und Erziehungsarbeit der Schule zu berücksichtigen. Dies bedeutet, dass in jedem Einzelfall alle wesentlichen Gesichtspunkte vollständig ermittelt, gewichtet und gegeneinander abgewogen werden müssen. Letztlich hängt die Entscheidung davon ab, ob das Fehlverhalten aus spezial- oder generalpräventiven Gründen eine energische und spürbare Reaktion der Schule erfordert.

Soweit eine von der Lehrerkonferenz berufene Teilkonferenz über Ordnungsmaßnah- men entscheidet, sind die allgemeinen Verfahrensregeln für Mitwirkungsgremien zu beachten (§ 63 SchulG).

Die Sitzungen der Teilkonferenz sind nicht öffentlich, da es sich bei Ordnungsmaß- nahmen um Personalangelegenheiten handelt (§ 63 Absatz 2 Sätze 1 und 2 SchulG). Die Mitglieder der Teilkonferenz sind zur Verschwiegenheit auch nach Beendigung ihrer Amtszeit verpflichtet (§ 62 Absatz 5 SchulG).

Über jede Sitzung ist eine Niederschrift zu fertigen, die mindestens den Wortlaut der Beschlüsse und die Stimmenmehrheit enthält, mit der sie gefasst sind (§ 63 Absatz 4

Satz 4 SchulG). Eine fehlerhafte Protokollierung führt zwar nicht automatisch zur Rechtswidrigkeit der Ordnungsmaßnahme. Da die Niederschrift aber ein wichtiges Beweismittel für einen etwaigen Rechtsstreit ist, sollte sie mit Sorgfalt erstellt werden und in knapper Form folgende Gegenstände umfassen:

- ✓ Namen der Anwesenden,
- ✓ Darlegung des Vorwurfs,
- ✓ Ergebnis der Anhörung des Schülers und seiner Eltern,
- ✓ Äußerungen des Schülers oder Lehrers des Vertrauens,
- ✓ Gang der Beratung,
- ✓ Beschlussfassung.

Der betroffene Schüler und seine Eltern sowie der Schüler oder Lehrer des Vertrauens nehmen an den Beratungen der Teilkonferenz nicht teil. Dies ist in der Niederschrift festzuhalten.

Den Eltern ist auf ihren Wunsch hin Einsicht in die Niederschrift zu gewähren (§ 29 VwVfG NRW).

Bei einer Ordnungsmaßnahme handelt es sich um einen Verwaltungsakt (§§ 37 ff. VwVfG NRW). Über die im Verwaltungsverfahrensgesetz enthaltenen Anforderungen an einen Verwaltungsakt hinaus sieht das Schulgesetz zwingend vor, dass eine Ordnungsmaßnahme schriftlich zu erlassen und zu begründen ist (§ 53 Absatz 9 SchulG). Da die Anwendung von Ordnungsmaßnahmen im Ermessen der Schule liegt, sind die Gründe, die zu der Entscheidung geführt haben, in der Begründung darzulegen.

Eine Ordnungsmaßnahme kann als Verwaltungsakt mit einem Widerspruch und ggf. einer anschließenden verwaltungsgerichtlichen Klage angefochten werden. Bei der Überweisung in eine parallele Klasse oder den vorübergehenden Ausschluss vom Unterricht hat dies allerdings keine aufschiebende Wirkung, da die diese Ordnungsmaßnahmen ihren Zweck nur erfüllen, wenn sie sofort angewendet werden (§ 53 Absatz 3 Satz 2 SchulG).

Pädagogische Frühförderung hör- und sehgeschädigter Kinder

Die pädagogische Frühförderung, die schon bald nach der Geburt einsetzt, ist ein Angebot an die Eltern und keine vorgezogene Schulpflicht (§ 19 Absatz 10 SchulG). Ihr Ziel ist, die Persönlichkeit des Kindes mit seiner verbleibenden Hör- oder Sehfähigkeit so zu entfalten, dass zu Beginn der Schulpflicht eine gemeinsame Grundlage für den Unterricht erreicht wird.

Die Organisation der Frühförderung liegt in der Hand der nächstgelegenen Förderschule mit dem Förderschwerpunkt → Sehen oder dem Förderschwerpunkt → Hören und Kommunikation. Über die Aufnahme in die Frühförderung entscheidet (wie bei der Feststellung eines → Bedarfs an sonderpädagogischer Unterstützung) die Schulaufsichtsbehörde auf Antrag der Eltern nach Einholung eines → medizinisches Gutachtens (§ 22 Absatz 4 AO-SF).

Die pädagogische Frühförderung ist wie folgt ausgestaltet:

✓ **Hausfrüherziehung** auf Antrag der Eltern frühestens ab dem vierten Lebensmonat bis zur Vollendung des dritten Lebensjahres (§ 22 Absatz 2 Satz 1 AO-SF). Dabei kommt ein Sonderpädagoge zur Familie ins Haus und fördert das Kind gemeinsam mit den Eltern.

✓ **U 3 – Betreuung** nach Vollendung des ersten Lebensjahres bis zur Vollendung des dritten Lebensjahres (wie alle anderen Kinder) in einer (nicht zum Schulbereich gehörenden) Tageseinrichtung oder Kindertagespflege (§ 24 Absatz 2 SGB VIII) ergänzt durch die Hausfrüherziehung, die auch in der Tageseinrichtung oder am Ort der Kindertagespflege stattfinden kann.

✓ Die Aufnahme eines Kindes unter drei Jahren in einen **Förderschulkindergarten** (als Teil einer Förderschule) oder in eine dafür geeignete Kindertageseinrichtung mit Unterstützung durch die Förderschule steht unter dem Vorbehalt der personellen und sächlichen Voraussetzungen (§ 22 Absatz 2 Satz 3 AO-SF). Sie wird in der Regel nur für Kinder in Betracht kommen, die in der Nähe einer solchen Einrichtung wohnen.

✓ Mit Beginn des vierten Lebensjahres nach Wahl der Eltern Förderung in einer Tageseinrichtung (§ 24 Absatz 3 SGB VIII) oder Aufnahme in einen Förderschulkindergarten (als Teil einer Förderschule) oder in eine dafür geeignete Kindertageseinrichtung mit Unterstützung durch die Förderschule (§ 22 Absatz 2 Satz 2 AO-SF).

Rechtsschutz

Bei Entscheidungen der Schulaufsichtsbehörde über die Feststellung eines → Bedarfs an sonderpädagogischer Unterstützung, den → Förderschwerpunkt und den → Förderort handelt es sich um Verwaltungsakt im Sinne von § 35 VwFfG NRW an. Sofern die Schule auf Antrag einer Schule tätig geworden ist, ordnet sie in Regel die sofortige Vollziehung gemäß § 80 Absatz 2 VwGO Das durch die Entscheidung betroffene Kind (vertreten durch seine Eltern) oder die Eltern selbst können sich gegen eine Entscheidung im Wege des einstweiligen Rechtsschutzes oder mit einer Klage vor dem Verwaltungsgericht zur Wehr setzen. Eines Vorverfahrens und damit eines vorherigen Widerspruchs bedarf es gemäß § 110 Justizgesetz NRW nicht mehr.

Regionales inklusives Schulsystem

Bei der Umsetzung der → Behinderungsrechtskonvention durch das 9. Schulrechtsänderungsgesetz (2015) hat der Gesetzgeber sich von dem Prinzip leiten lassen, dass Eltern für ihr behindertes Kind alternativ zur allgemeinen Schule als Regelförderort weiterhin auch eine → Förderschule wählen können (→ Elternwahlrecht). Er ist nicht der Empfehlung der von der Landesregierung bestellten Gutachter Klaus Klemm und Ulf Preuss-Lausitz gefolgt, auf Förderschulen im Bereich der → Lern- und Entwicklungsstörungen (Förderschwerpunkte → Lernen, → Emotionale und soziale Entwicklung sowie → Sprache) ganz zu verzichten. Siehe: *http://www.schulministerium. nrw.de/docs/Schulsystem/Inklusion/Gutachten-_Auf-dem-Weg-zur-schulischen-Inklusiob-in-Nordrhein-Westfalen_/index.html*

Durch eine Öffnungsklausel hat es der Gesetzgeber jedoch abweichend von den Regelungen in §§ 19, 20 SchulG zugelassen, dass ein Kreis und dessen kreisangehörige Gemeinden und Städte oder eine kreisfreie Stadt mit Genehmigung der oberen Schulaufsichtsbehörde auf alle öffentliche Förderschulen mit den Förderschwerpunkten Lernen, Emotionale und soziale Entwicklung und Sprache verzichten und stattdessen für diese Förderschwerpunkte ein vollständiges und bedarfsgerechtes inklusives Schulangebot schaffen (§ 132 Absatz 1 SchulG). Dies gilt auch dann, wenn die betroffenen Förderschulen die → Mindestgröße erreichen. Ziel der Öffnungsklausel ist ein ausschließlich inklusives Schulangebot in einer bestimmten Region unter Auflösung der öffentlichen Förderschulen. Verbunden ist damit die weitgehende Abschaffung des → Elternwahlrechts in der Region: Die Eltern, die für ihr Kind die Beschulung an einer Förderschule wünschen, sind darauf angewiesen, auf eine private Förderschule oder auf eine außerhalb liegende öffentliche Förderschule auszuweichen.

Änderungen der Schulstruktur gemäß § 132 Absatz 1 SchulG sind örtlich auf das Gebiet das Gebiet eines Kreises oder einer kreisfreien Stadt beschränkt. Schulen der Landschaftsverbände sind ausgenommen, da sie ein überregionales Einzugsgebiet haben.

Auf die schutzwürdigen Interessen benachbarter kommunaler Schulträger (einschließlich der Landschaftsverbände) ist bei der Planung Rücksicht zu nehmen. Sie sind rechtzeitig anzuhören und haben einen Anspruch auf gegenseitige Rücksichtnahme (§ 80 Absatz 2 Satz 2 SchulG). Welche Anforderungen dabei an das Gebot zur gegenseitigen Rücksichtnahme zu stellen sind, hängt von den Umständen des Einzelfalls ab. Im Konfliktfall kann im Vorfeld ein Moderationsverfahren durchgeführt werden (§ 80 Absatz 2 SchulG); in freier kommunaler Absprache oder schulaufsichtlich.

Ein regionales inklusives Schulsystem kann auf Antrag eines kommunalen Schulträgers auch schrittweise für einzelne Förderschwerpunkte oder für einzelne kreisangehörige Gemeinden eingeführt werden (§ 132 Absatz 2 SchulG).

Die Errichtung eines regionalen inklusiven Schulsystems bedarf der Genehmigung der oberen Schulaufsichtsbehörde. Diese wird insbesondere darauf achten, dass das Vorhaben auf einer abgestimmten Schulentwicklungsplanung beruht und dass ausreichende Angebote Gemeinsamen Lernens in zumutbarer Entfernung erreichbar sind. Bei einem auf einzelne Förderschwerpunkte oder einzelne kreisangehörige Gemeinden begrenzten regionalen inklusiven Schulangebot wird es auch darauf ankommen, dass Schülerströme nicht von einer Kommune in eine andere verlagert werden.

Die Rechtsstellung bestehender Ersatzförderschulen bleibt durch die Einrichtung eines regionalen inklusiven Schulsystems unberührt (§ 132 Absatz 1 Satz 4 SchulG). Den Ersatzschulträgern steht es weiterhin frei, in der betreffenden Region neue Förderschulen in freier Trägerschaft mit den Förderschwerpunkten Lernen, Emotionale und soziale Entwicklung sowie Sprache zu errichten.

Die Ersatzschulträger sind von den beteiligten öffentlichen Schulträger rechtzeitig über ihre Absicht zur Einführung eines regional inklusiven Schulsystems zu informieren; sie können auf ihren Wunsch hin auch bei den Planungen berücksichtigt werden (§ 80 Absatz 7 SchulG).

Ruhen der Schulpflicht

Für Kinder und Jugendliche, die selbst nach Ausschöpfen aller Möglichkeiten sonderpädagogischer Förderung nicht gefördert werden können, kann ein Ruhen der Schulpflicht angeordnet werden (§ 40 Absatz 2 SchulG). Dies betrifft die seltenen Fälle, in denen wegen einer erheblichen und ungewöhnlichen Form der Behinderung alle schulischen Fördermöglichkeiten ausgeschöpft sind und keine – auch keine noch so geringe – schulische Bildung möglich ist. Zu den Fördermöglichkeiten, die ausgeschöpft sein müssen, gehören nach dem Gesetzeswortlaut alle Möglichkeiten der sonderpädagogischen Förderung. Im Zweifel ist ein Probeunterricht durchzuführen.

Die Anordnung des Ruhens der Schulpflicht ist der Schulaufsichtsbehörde, dem staatlichen Schulamt, vorbehalten. Sie hat hierzu in jedem Fall ein → medizinisches Gutachten einzuholen und die Eltern anzuhören. Die Entscheidung über das Ruhen der Schulpflicht ist vom Gesetzgeber bewusst an hohe verfahrensmäßige Hürden geknüpft worden, um einen Abbruch der Bildungsbiografie zu verhindern. Siehe: *S. 6 f. der Landtagsentschließung vom 16. Oktober 2013 zum 9. Schulrechtsänderungsgesetz (Landtagsdrucksache 16/4218).*

Abgrenzungsprobleme gibt es immer wieder zu der Regelung in § 54 Absatz 4 SchulG, die es Schulleitungen ermöglicht, einen Schüler vorübergehend oder (ausnahmsweise) dauernd vom Unterricht auszuschließen, wenn sein Verbleib eine konkrete Gefahr für die Gesundheit anderer bedeutet. Diese Regelung greift insbesondere bei einer der § 34 Absatz 1 des Infektionsschutzgesetzes genannten Krankheiten (z. B. Cholera, Diphtherie, Keuchhusten, Masern, Mumps, Scharlach, Windpocken, etc.), nicht aber bei Schülern, die sich der schulischen Erziehung nachhaltig verschließen oder widersetzen. Sie greift auch nicht bei Gewalttaten. Ihnen ist – sofern es sich nicht um krankhafte Verhaltensstörungen handelt – durch → Ordnungsmaßnahmen zu begegnen.

Schattenübersetzung

Bei der so genannten „Schattenübersetzung" der → Behindertenrechtskonvention handelt es sich um eine vom NETZWERK ARTIKEL 3 e. V. erstellte Übersetzung der englischen Originalfassung der Konvention. Das NETZWERK ARTIKEL 3 e. V., ein bundesweit arbeitendes Netzwerk von Gleichstellungsinitiativen, war mit der amtlichen Übersetzung der Konvention nicht zufrieden und hat 2009 eine aus ihrer Sicht „authentische" Übersetzung erstellt. Dabei ging es unter anderem darum, dass in der amtlichen Übersetzung nicht der Begriff „inklusiv" sondern der Begriff „integrativ" verwendet wird.

Der Text der „Schattenübersetzung" findet sich auf den Webseiten des Behindertenbeauftragen der Bundesregierung: *http://www.behindertenbeauftragte.de/SharedDocs/Publikationen/DE/Broschuere_UNKonvention_KK.pdf?__blob=publicationFile*

Schülerfahrkosten

Die Schulträger übernehmen die Kosten, die für die wirtschaftlichste Beförderung der Kinder und Jugendlichen mit einem → Bedarf an sonderpädagogischer Unterstützung zur nächstgelegenen Schule des bestimmten → Förderorts notwendig sind (§ 97 Absatz 1 SchulG).

Da die Eltern nach dem 9. Schulrechtsänderungsgesetz (2013) für ihr Kind mit einem Bedarf an sonderpädagogischer Unterstützung im Regelfall zwischen den Förderorten → allgemeine Schule und → Förderschule wählen können, werden nach der Änderungsverordnung zur Schülerfahrkostenverordnung vom 8. März 2015 Fahrkosten sowohl zur nächstgelegenen → allgemeinen Schule wie auch zur nächstgelegenen → Förderschule übernommen (§ 9 Absatz 3 SchfkVO)

Für diese Schüler ist nächstgelegene Schule nun die von der Schulaufsichtsbehörde nach Maßgabe der Ausbildungsordnung sonderpädagogische Förderung vorgeschlagene
✓ allgemeine Schule, an der ein Angebot des → Gemeinsamen Lernens eingerichtet ist oder
✓ die entsprechende Förderschule,

die mit dem geringsten Aufwand an Kosten und einem zumutbaren Aufwand an Zeit erreicht werden kann und deren Besuch schulorganisatorische Gründe nicht entgegenstehen.

Bei → zielgleicher Förderung ist es die nächstgelegene vorgeschlagene allgemeine Schule der von den Eltern gewählten Schulform oder die nächstgelegene vorgeschlagene Förderschule im Bereich der von Eltern gewählten Schulform.

Entsprechendes gilt, wenn die Schulaufsichtsbehörde abweichend von der Wahl der Eltern gemäß § 20 Absatz 4 SchulG einen anderen Förderort bestimmt haben.

Aus dem Kostenübernahmeanspruch gegen den Schulträger kann keine Pflicht zur Beförderung durch abgeleitet werden Ansprechpartner für Fragen zu diesem Themenbereich ist das Schulverwaltungsamt des jeweiligen Schulträgers (also der kreisangehörigen Gemeinde oder Stadt, des Kreises, der kreisfreien Stadt oder des Landschaftsverbandes). Siehe: *Schülerfahrkostenverordnung vom 16. April 2005 (BASS 11- 04 Nr. 3.1) und die dazu erlassenen Verwaltungsvorschriften (BASS 11–04 Nr. 3.2)*

Die Fahrkostenerstattung für Schüler mit Behinderungen, die in Förderschulen mit Internat außerhalb Nordrhein-Westfalens untergebracht sind, weil hier vergleichbare Schulen fehlen, ist besonders geregelt. Siehe: *„Schülerfahrkosten; Kostenübernahme aus Landesmitteln für Schülerinnen mit Behinderungen,..." vom 8. Februar 1980 (BASS 11–04 Nr. 2).*

Schule für Kranke

An der Schule für Kranke werden Schüler aufgenommen, die wegen einer stationären Behandlung im Krankenhaus oder in einer vergleichbaren medizinisch-therapeutischen

Einrichtung (z. B. Kinder-und Jugendpsychiatrien, Rehabilitations- und Kurkliniken) mindestens vier Wochen nicht am Unterricht ihrer Schule teilnehmen könne (§ 20 Absatz 1 Nr. 3 SchulG, § 47 AO-SF). Sie zählt nicht zu den → Förderschulen, kann aber wie jede → allgemeine Schule auch Ort sonderpädagogischer Förderung sein.

Voraussetzung für die Aufnahme in eine Schule für Kranke ist
✓ ein bestehendes Schulverhältnis,
✓ eine schriftliche ärztliche Bestätigung des Krankenhauses oder der vergleichbaren medizinisch-therapeutischen Einrichtung über den Beginn des Aufenthalts und
✓ eine ebenfalls schriftliche Prognose der voraussichtlichen Dauer des Aufenthalts.

Der Unterricht in der Schule für Kranke bietet den betroffenen Schülern die Möglichkeit, trotz Krankheit mit Erfolg zu lernen, Zeugnisse zu erhalten und Schulabschlüsse zu erwerben. Erfolgserlebnisse lenken von der Erkrankung ab, stärken das Selbstwertgefühl, bieten eine Perspektive für die Zeit nach Krankheit und fördern den Willen gesund zu werden. Ziel der Schule für Kranke ist, die jungen Patienten individuell so zu fördern, dass sie auch nach längerer Abwesenheit von ihrer Schule wieder Anschluss an den Unterricht in ihrer Klasse finden. Der Unterricht finden in kleinen Gruppen und – soweit aus medizinischen oder organisatorischen Gründen notwendig – als Einzelunterricht statt.

An der Schule für Kranke können Schüler während ihres Aufenthalts auch sonderpädagogisch gefördert werden (§ 47 Absatz 3 AO-SF). Eines Verfahrens zur Feststellung eines Bedarfs an sonderpädagogischer Unterstützung bedarf es hierfür nicht. Die Schule für Kranke entscheidet vielmehr selbst über den Bedarf an sonderpädagogischer Unterstützung für die Dauer des Schulbesuchs. Dies gilt nicht für eine intensivpädagogische Förderung bei Schwerstbehinderung, hierüber entscheidet (begrenzt auf den Besuch der Schule für Kranke) die Schulaufsichtsbehörde. Siehe: *„Schule für Kranke – Verwaltungsvorschriften zu § 47 der Ausbildungsordnung sonderpädagogische Förderung (AO-SF)" vom 27. Dezember 2014 (zu BASS 13 – 41 Nr. 2.2)*

Schuleingangsphase

Die Klassen 1 und 2 der Grundschule werden als Schuleingangsphase geführt (§ 11 Absatz 2 SchulG, § 2 Absatz 2 AO-GS). Ihr Ziel ist, jedes Kind individuell so zu fördern, dass es ohne Brüche in der Entwicklung seiner geistigen und sozialen Fähigkeiten und Kompetenzen in dem ihm bekannten Lernumfeld die Schuleingangsphase durchlaufen kann – in einem Jahr, in zwei oder drei Jahren. Der Besuch des dritten Jahres wird nicht auf die Dauer der Schulpflicht angerechnet.

Wie Kinder in der Schuleingangsphase gefördert werden, bestimmt das Förderkonzept der jeweiligen Schule (§ 4 AO-GS).

In der Regel wird frühestens am Ende der Schuleingangsphase im Rahmen eines → Feststellungsverfahrens die Entscheidung über einen → Bedarf an sonderpädagogischer Unterstützung im Förderschwerpunkt → Lernen getroffen. Aus der Entscheidung folgt, dass das Kind künftig im → Bildungsgang des Förderschwerpunkts →

Lernen → zieldifferent unterrichtet wird. Die Versetzungsbestimmungen der Grundschule sind nicht mehr anwendbar.

Schulentwicklungsplanung

Kommunen, die Schulträgeraufgaben zu erfüllen haben, sind verpflichtet, für ihren Bereich eine Schulwicklungsplanung zu betreiben (§ 80 Absatz 1 Satz 1 SchulG). Sie dient nach Maßgabe des Bedürfnisses im Sinne des § 78 Absatze 4 SchulG nicht mehr nur der Sicherung eines gleichmäßigen und alle Schulformen und Schularten umfassenden, sondern auch der Sicherung eines „inklusiven" Bildungs- und Abschlussangebots (§ 80 Absatz 1 Satz 2 SchulG). Schulen und Schulstandorte sind von den Kommunen nunmehr so zu planen, dass schulische Angebote aller Schulformen und Schularten „einschließlich allgemeiner Schule als Orte des Gemeinsamen Lernens" unter möglichst gleichen Bedingungen wahrgenommen werden können. Dies ist die gesetzgeberische Konsequenz daraus, dass → sonderpädagogische Förderung vorbehaltlich einer abweichenden Entscheidung der Eltern für die → Förderschule in der Regel an → allgemeinen Schulen stattfindet (§ 20 Absatz 2 SchulG). Bei der Schulentwicklungsplanung hat der Schulträger ein Organisationsermessen. Er ist also nicht verpflichtet, an jeder Schule → Gemeinsames Lernen einzurichten.

Schulischer Lernort

Öffentliche und private Schulträger können für Schüler mit einem besonderes ausgeprägten, umfassenden Bedarf an sonderpädagogischer Unterstützung im Förderschwerpunkt → Emotionale und soziale Entwicklung mit Genehmigung der oberen Schulaufsichtsbehörde (Bezirksregierung) einen Schulischen Lernort einrichten (§ 132 Absatz 3 SchulG).

Voraussetzung für die Einrichtung eines Schulischen Lernorts ist, dass im Gebiet des Kreises oder der kreisfreien Stadt alle bisherigen → Förderschulen mit den Förderschwerpunkten der → Lern- und Entwicklungsstörungen oder alle bisherigen Förderschule mit dem Förderschwerpunkt → Emotionale und soziale Entwicklung aufgelöst worden sind oder aufgelöst werden (→ Regionales inklusives Schulsystem).

Bei dem Schulischen Lernort im Sinne von § 132 Absatz 3 SchulG handelt es sich nicht um eine neue Schulform. Ein Schulischer Lernort wird vielmehr entweder als rechtlich unselbständiger Teil einer → allgemeinen Schule oder als → Förderschule geführt. Als Förderschule werden sie meistens aus einer früheren Förderschule mit dem Förderschwerpunkt Emotionale und soziale Entwicklung hervorgehen.

Bei der Schülerschaft handelt es sich um eine Teilgruppe der Schüler mit einem → Bedarf an sonderpädagogischer Unterstützung im Förderschwerpunkt Emotionale und soziale Entwicklung, für die aufgrund außergewöhnlich komplexer Verhaltensschwierigkeiten eine vorübergehende Erfüllung der Schulpflicht außerhalb ihres bisherigen schulischen Umfelds in andern Lern- und Arbeitsformen erforderlich ist. Da Schüler einen Schulischen Lernort nur temporär besuchen, gibt es keine feste Schülergruppe, sondern eine große Fluktuation.

Ein Schüler, der aufgrund einer Entscheidung der Schulaufsichtsbehörde in einem Schulischen Lernort zeitlich befristet unterrichtet und erzogen wird, gehört schulrechtlich weiterhin seiner bisherigen allgemeinen Schule an (Stammschule). Aufnahmevoraussetzung ist, dass ein Bedarf an sonderpädagogischer Unterstützung im Förderschwerpunkt Emotionale und soziale Entwicklung in einem → Feststellungsverfahren förmlich festgestellt worden ist.

Die Aufnahme in einen Schulischen Lernort ist auf höchstens sechs Monate befristet; über jede weitere, wiederum auf höchstens sechs Monate befristete Verlängerung entscheidet allein die Schulaufsichtsbehörde (§ 28 Absatz 4 AO-SF).

Die Bildungs- und Erziehungsangebote des Schulischen Lernorts zielen auf eine baldige Rückkehr in die bisher besuchte Schule ab (§ 28 Absatz 5 AO-SF). Sie sollten mit Angeboten von Trägern der Jugendhilfe, des schulpsychologischen Dienstes und der Agentur für Arbeite vernetzt sein.

Der für jeden Schüler zu erstellende individuelle → Förderplan ist mit der Stammschule abzustimmen.

Bei der Rückkehr in die Stammschule erhält diese einen Bericht über den Leistungsstand und eine Empfehlung für die weitere schulische Förderung (§ 28 Absatz 6 AO-SF).

Schulorganisatorische Veränderungen

Wenn immer mehr Schüler mit einem → Bedarf an sonderpädagogischer Unterstützung in → allgemeinen Schulen unterrichtet werden und insbesondere → Förderschulen im Bereich der → Lern- und Entwicklungsstörungen geschlossen werden müssen, weil sie die erforderlichen → Mindestgrößen nicht erreichen, betrifft dies auch die in Förderschulen tätigen Lehrkräfte und pädagogischen/sozialpädagogischen Mitarbeiter. Sie werden ihren Arbeitsplatz zunehmend in allgemeinen Schulen finden und dort Teil eines Kollegiums von Lehrkräften mit verschiedenen Lehrämtern sein.

Die mit der Inklusion einhergehenden Veränderungsprozesse müssen transparent und sozialverträglich gestaltet werden. Das nordrhein-westfälische Schulministerium hat deswegen im Sommer 2013 in enger Abstimmung mit den Lehrerverbänden und der GEW sowie den Hauptpersonalräten und Hauptschwerbehindertenvertretungen hierfür Leitlinien erarbeitet, die für alle Schulformen gelten. Sie sollen landesweit gleiche Standards bei Personalentscheidungen schaffen und den von schulorganisatorischen Maßnahmen betroffenen Personen Ängste und Unsicherheiten nehmen.

Leitlinien für Personalmaßnahmen bei schulorganisatorischen Veränderungen, ABl. NRW. 08/13, S. 406

Durch Änderung des Landesbesoldungsgesetzes ist den Lehrkräften mit sonderpädagogischer Ausbildung seit dem 1. August 2014 der Zugang zu Leitungsfunktionen an Grundschulen, Hauptschulen und Realschulen eröffnet und damit die Übertragung der entsprechenden Ämter im statusrechtlichen Sinne ermöglicht worden. Der Zugang zu Leitungsfunktionen an Gesamtschulen, Sekundarschulen und Gemeinschaftsschulen war bereits geregelt. Nicht geöffnet werden konnten die Leitungsfunktionen an Gymnasien und Berufskollegs, da diese Ämter dem höheren Dienst zugeordnet sind und da Sonderpädagogen nicht über die notwendigen Lehrbefähigungen verfügen.

Nr. 1.12 der Vorbemerkungen zu den Landesbesoldungsordnungen.

Schulpflicht

Die Schulpflicht dient der Verwirklichung des Anspruchs junger Menschen auf schulische Bildung, Erziehung und individuelle Förderung (§ 1 Absatz 1 SchulG). Dabei wird anders als noch vor Jahren kein Unterschied zwischen jungen Menschen mit und ohne → Behinderung gemacht. Die Schulpflicht in der Primarstufe und der Sekundarstufe I dauert für auch für Schüler mit Bedarf an sonderpädagogischer Unterstützung zehn Jahre (§ 37 Absatz 1 Satz 1 SchulG).

Unberührt bleibt hiervon die individuelle Schulbesuchsdauer des einzelnen Schülers. Der von der Grundschule für ein Kind erstellte individuelle → Förderplan kann von vornherein oder im Verlauf der ersten Schuljahre vorsehen, dass es drei Jahre (statt zwei Jahre) in der → Schuleingangsphase verbleibt. In diesem Fall wird das dritte Schulbesuchsjahr nicht auf die Dauer der Schulpflicht angerechnet (§ 2 Absatz 2 Satz 2 AO-GS).

Sofern bei einem Kind, das die Schuleingangsphase drei Jahre lang besucht hat, beim Übertritt in die dritte Klasse ein Bedarf an sonderpädagogischer Unterstützung im Förderschwerpunkt → Lernen festgestellt wurde, dauert der entsprechende → zieldifferente → Bildungsgang in den Klassen 3 und 4 zwei Jahre.

Schwerpunktschule

Schwerpunktschulen sind → allgemeine Schulen, die über den Bereich der → Lern- und Entwicklungsstörungen (Förderschwerpunkte Lernen, Emotionale und soziale Entwicklung sowie Sprache) hinaus weitere → Förderschwerpunkte anbieten (§ 20 Absatz 6 SchulG).

Während mittelfristig möglichst alle allgemeinen Schulen in die Lage versetzt werden sollen, die relativ große Zahl von Schülern mit Lern- und Entwicklungsstörungen zu unterrichten, können die personellen und sächlichen Voraussetzungen für die Unterrichtung der relativ kleinen Gruppe von Schülern mit einem Förderschwerpunkt außerhalb der Lern- und Entwicklungsstörungen nicht an allen allgemeinen Schulen geschaffen werden. Zudem kann eine Bündelung aus pädagogischen Gründen sinnvoll sein, da sie es ermöglicht, sonderpädagogischer Expertise für einen bestimmten Förderschwerpunkt in einem Lehrerkollegium zu bündeln.

Die Entscheidung darüber, ob eine allgemeine Schule eine Schwerpunktschule wird, trifft der Schulträger mit Zustimmung der Schulaufsichtsbehörde. Schulorganisationsrechtlich handelt es sich dabei um eine Änderung im Sinne von § 81 Absatz 2 SchulG.

Sehen

Bei einer Sehschädigung setzt schon bald nach der Geburt eine → pädagogische Frühförderung als Angebot an die Eltern ein.

Ein → Bedarf an sonderpädagogischer Unterstützung im Förderschwerpunkt Sehen
besteht, wenn das schulische Lernen auf Grund von Blindheit oder Sehbehinderung
schwerwiegend beeinträchtigt ist (§ 8 AO-SF).

Blindheit liegt vor, wenn das Sehvermögen so stark herabgesetzt ist, dass die Betroffenen auch nach optischer Korrektur ihrer Umwelt überwiegend nicht visuell begegnen
können.

Schüler, die mit einer Erblindung rechnen müssen, werden bei der Feststellung des
Bedarfs an sonderpädagogischer Unterstützung Blinden gleichgestellt.

Eine Sehbehinderung liegt vor, wenn auch nach optischer Korrektur Teilfunktionen
des Sehens, wie Fern- oder Nahvisus, Gesichtsfeld, Kontrast, Farbe, Blendung und
Bewegung erheblich eingeschränkt sind oder wenn eine erhebliche Störung der zentralen Verarbeitung der Seheindrücke besteht.

Bei diesem Förderschwerpunkt ist die Blindenpunktschrift eine gleichberechtigte
Form der Kommunikation in allen Fächern (§ 24 Absatz 2 AO-SF).

Der Unterricht im Förderschwerpunkt Sehen führt (unabhängig vom → Förderort)
✓ zielgleich zur den Abschlüssen der → allgemeinen Schule (§ 24 Absatz 1 Nr. 1
  AO-SF) oder
✓ zieldifferent zu den Abschlüssen der Bildungsgänge Lernen (§ 24 Absatz 3 iVm
  §§ 31 bis 37 AO-SF) oder Geistige Entwicklung (§ 24 Absatz 4 iVm §§ 38 bis 41
  AO-SF).

Selbst- oder Fremdgefährdung

Bei Schülern, die sich selbst oder andere gefährden, ist es sowohl aus pädagogischen als
auch aus rechtlichen Gründen schwierig Grenzen zu setzen. Lehrkräfte befinden sich
in einem solchen Fall häufig in einem Zielkonflikt: Einerseits müssen die in Betracht
kommenden Grenzsetzungen aus pädagogischen Erwägungen sinnvolle Schritte in der
Persönlichkeitsentwicklung ermöglichen, andererseits müssen die von den dem selbst-
oder fremdagressiven Verhalten ausgehenden Gefahren abgewehrt werden.

Lehrkräfte müssen nicht nur wissen, wie man mit selbst- oder fremdagressivem Verhalten
pädagogisch umgeht, sondern auch den Rechtsrahmen kennen, in dem sie sich bei der-
artigen Herausforderungen bewegen. Hierzu gehört, dass das 9. Schulrechtsänderungsgesetz (2013) den Grundschulen unter bestimmten Voraussetzungen ein → Antragsrecht
zur Durchführung eines → Feststellungsverfahrens im Förderschwerpunkt → Emotionale
und Soziale Entwicklung einräumt (§ 19 Absatz 7 Satz 1 Nr. 2 SchulG) und dass Schüler
mit diesem Förderschwerpunk bei außergewöhnlich komplexen Verhaltensschwierigkeiten auch gegen den Willen der Eltern einer → Förderschule mit dem Förderschwerpunkt

Emotionale und soziale Entwicklung oder einem → Schulischen Lernort zugewiesen können (§ 20 Absatz 4 SchulG).

Sinnesschädigungen

Sinnesschädigungen umfassen die Förderschwerpunkte → Sehen sowie → Hören und Kommunikation. Weil die Zahl der betroffenen Schüler sehr klein ist, stehen die öffentlichen Schulen mit diesen Förderschwerpunkten in Trägerschaft des Landschaftsverbands Rheinlands und des Landschaftsverbands Westfalen-Lippe.

Für noch nicht schulpflichtige Kinder mit Sinnesschädigungen gibt es eine → Pädagogische Frühförderung (§ 22 AO-SF).

Sonderpädagogische Förderung

Der im Schulgesetz verwendete Begriff „sonderpädagogische Förderung" beschreibt den Auftrag der Lehrkräfte und der Schulen bei der schulischen Bildung und Erziehung von jungen Menschen mit einem → Bedarf an sonderpädagogischer Unterstützung. Die Regelungen hierzu finden sich im Ersten Teil der AO-SF (§§ 1 bis 42 AO-SF).

Sonderpädagogisches Gutachten

Zentraler Bestandteil des → Feststellungsverfahrens ist das sonderpädagogische Gutachten (§ 19 Absatz 5 Satz 2 SchulG). Die Schulaufsichtsbehörde beauftragt zur Ermittlung des → Bedarfs an sonderpädagogischer Unterstützung eine sonderpädagogische Lehrkraft und eine Lehrkraft der → allgemeinen Schule, Art und Umfang der notwendigen Förderung des Schülers unter Berücksichtigung seiner individuellen Situation festzustellen und in einem gemeinsamen Gutachten darzustellen (§ 13 Absatz 1 AO-SF).

Die Beauftragung einer Lehrkraft mit der Erstellung eines sonderpädagogischen Gutachtens ist mit der Schulleitung abzustimmen. Bei der Lehrkraft der allgemeinen Schule handelt es sich in der Regel um den Klassenlehrer der Klasse, die der Schüler besucht, oder um eine Lehrkraft der allgemeinen Schule, die er zu besuchen hätte. Die beauftragten Lehrkräfte sind bei ihrer Tätigkeit fachlich unabhängig. Sofern eine schulärztliche Untersuchung stattgefunden hat, haben sie das → medizinische Gutachten einzubeziehen.

Die Eltern des zu begutachtenden Kindes sind von den beauftragten Lehrkräften zu einem Gespräch einzuladen und über den Ablauf des Verfahrens und weitere Beratungsmöglichkeiten zu informieren (§ 13 Absatz 2 AO-SF).

Das Gutachten schließt immer mit einem Vorschlag für
✓ den Bedarf an sonderpädagogischer Unterstützung,
✓ den Förderschwerpunkt oder die Förderschwerpunkte und
✓ die Notwendigkeit zieldifferenter Förderung

ab.

Das Gutachten ist mit allen Unterlagen der Schulaufsichtsbehörde zur Entscheidung vorzulegen (§ 13 Absatz 4 AO-SF). Diese kann, soweit es für die Entscheidung notwendig ist, Gutachten weiterer Fachkräfte und Fachdienste einholen.

Die Schulaufsichtsbehörde hat den Eltern Einsicht in das Gutachten sowie in die Unterlagen, auf denen es beruht, zu gewähren (§ 13 Absatz 7 AO-SF).

Sonderpädagogische Unterstützung

Der im Schulgesetz nach der Änderung durch das 9. Schulrechtsänderungsgesetz (2013) an verschiedenen Stellen verwendete Begriff „sonderpädagogische Unterstützung" an Stelle von „sonderpädagogische Förderung" greift den neuen Sprachgebrauch im Beschluss der Kultusministerkonferenz „Inklusive Bildung von Kindern und Jugendlichen mit Behinderungen in Schulen" vom 20. Oktober 2011 auf. Die Änderung soll verdeutlichen, dass es um einen ergänzenden und nicht um einen ersetzenden Auftrag der Sonderpädagogik im Schulsystem geht.

Der Begriff „sonderpädagogische Unterstützung" wird gewählt, wenn es um den individuellen Bedarf einer Schülerin oder eines Schülers geht.

Sprache

Der Förderschwerpunkt Sprache gehört zur den → Lern- und Entwicklungsstörungen (§ 4 Absatz 1 AO-SF): Ein Bedarf an sonderpädagogischer Unterstützung in diesem Förderschwerpunkt besteht, wenn der Gebrauch der Sprache nachhaltig gestört und mit erheblichem subjektivem Störungsbewusstsein sowie Beeinträchtigungen in der Kommunikation verbunden ist und dies nicht alleine durch außerschulische Maßnahmen behoben werden kann(§ 4 Absatz 3 AO-SF).

Bei dem → Bildungsgang mit dem Förderschwerpunkt Sprache kann es sich um einen zielgleichen (§ 27 Absatz 1 Nr. 1 AO-SF) oder einen zieldifferenten Bildungsgang (§ 27 Absatz 1 Nr. 2 und Absatz 3 AO-SF) handeln.

Für die Schüler gelten die Ausbildungs- und Prüfungsordnungen einschließlich der Unterrichtsfächer und der Stundentafeln, soweit in der Ausbildungordnung sonderpädagogische Förderung nichts anderes geregelt ist. (§ 21 Absatz 1 AO-SF). So sind auf Schüler, die zieldifferent unterrichtet werden, die besonderen Regelungen für den Bildungsgang Lernen anzuwenden (§§ 31 bis 37 AO-SF).

Versetzung

Sofern aufgrund eines → Feststellungsverfahrens ein Förderbedarf in dem Förderschwerpunkt → Lernen oder dem Förderschwerpunkt → Geistige Entwicklung festgestellt worden ist, wird der Schüler in dem → Bildungsgang Lernen oder dem Bildungsgang Geistige Entwicklung nach individuell für ihn entwickelten Förderplänen unterrichtet. Die Versetzungsbestimmungen der AO-GS und der APO-S I finden in diesen → zieldifferenten Bildungsgängen keine Anwendung. Es gelten vielmehr die Regelungen in §§ 31 ff. AO-SF (Zieldifferenter Bildungsgang Lernen) und §§ 38 ff. AO-SF (Zieldifferenter Bildungsgang Geistige Entwicklung).

Sowohl für die zieldifferente als auch für die → zielgleiche Förderung gilt, dass die Klassenkonferenz aus zwingenden pädagogischen Gründen in einem Einzelfall unter anderem von den Vorschriften über Versetzung abweichen kann (§ 21 Absatz 8 AO-SF). Der wesentliche Inhalt dieses Beschlusses ist dann in das → Zeugnis aufzunehmen.

Vertretungsaufgaben

Alle Lehrkräfte sind im Rahmen ihrer weiteren Aufgaben zur Übernahme von Vertretungsaufgaben verpflichtet (§ 10 Absatz 3 ADO). Dies bezieht sich nicht nur auf den Unterricht sondern auch auf außerunterrichtliche Tätigkeiten wie Aufsicht, Mitwirkung an Prüfungen oder Begleitung der Schüler zu außerunterrichtlichen Veranstaltungen.

Zur Vermeidung von Unterrichtsausfall und aus pädagogischen Gründen können Lehrkräfte unter bestimmten Voraussetzungen auch zur Unterrichtung in einem Fach verpflichtet werden, für das sie keine Lehrbefähigung besitzen (§ 12 Absatz 2 ADO). Hiervon ausgenommen ist der Religionsunterricht.

Die Schulleitung ist verantwortlich dafür, dass der stundenplanmäßige Unterricht erteilt wird und dass alle Lehrkräfte ihre Aufgaben wahrnehmen (§ 20 ADO). Sie muss deswegen zu Unterrichtsbeginn und im Laufe des Schultags auf Lehrkräfte zurückgreifen können, die sofort Unterricht erteilen können, damit kein Unterricht ausfällt. Dazu kann sie im Einzelfall im Rahmen des Zumutbaren eine Lehrkraft zur Anwesenheit in der Schule verpflichten (§ 13 Absatz 3 Satz 2 ADO). Persönliche Interessen der betroffenen Lehrkraft müssen dann zurücktreten.

Von der Verpflichtung zur Erteilung von Vertretungsunterricht sind Teilzeitbeschäftigte Lehrkräfte nicht ausgenommen. Dabei ist allerdings der allgemeine Grundsatz zu beachten, dass der Umfang der Aufgaben proportional dem Umfang der Teilzeitbeschäftigung entsprechen soll (§ 17 ADO).

Vorschlag für den schulischen Förderort

Bei dem Vorschlag der Schulaufsichtsbehörde an die Eltern eines Kindes mit → Bedarf an sonderpädagogischer Unterstützung, eine bestimmte → allgemeine Schule zu besuchen, an der Gemeinsames Lernen eingerichtet ist, handelt es sich um einen begünstigenden Verwaltungsakt (§ 19 Absatz 5 Satz 3 SchulG). Durch den Vorschlag erlangen das betroffene Kind und seine Eltern bei der Anmeldung einen Anspruch auf vorrangige Aufnahme in die vorgeschlagene allgemeine Schule (§ 1 Absatz 4 Satz 3 APO-S I).

Rechtmäßigkeitsvoraussetzung für den Vorschlag der Schulaufsichtsbehörde ist die Zustimmung des Schulträgers.

Haben sich die Eltern für die → Förderschule entschieden, schlägt ihnen die Schul-aufsichtsbehörde mindestens eine solche Schule mit dem für das Kind festgestellten Förderbedarf vor (§ 16 AO-SF).

Zeugnisse

Zeugnisse müssen unabhängig vom Lernort (allgemeine Schule oder Förderschule transparent und rechtsklar sein. Deshalb gehören bei einem förmlich festgestellten → Bedarf an sonderpädagogischer Unterstützung auch Aussagen
✓ zur sonderpädagogischen Förderung,
✓ zum Förderschwerpunkt und
✓ zum Bildungsgang

in ein Zeugnis (§ 21 Absatz 6 Sätze 1 und 2 AO-SF).
Entsprechendes gilt für die Aufhebung des Förderbedarfs: Die Entscheidung der Schulaufsichtsbehörde ist (einmalig) am Ende des Schuljahres aufzunehmen, in dem der Förderbedarf aufgehoben wurde.

Wenn eine Klassenkonferenz gemäß § 21 Absatz 8 AO-SF in einem Einzelfall aus zwingenden pädagogischen Gründen beschlossen hat, von Vorschriften über → Leis-tungsbewertungen, Zeugnisse und → Versetzungen abzuweichen, ist der wesentliche Inhalt des Beschlusses im Zeugnis unter Bemerkungen darzustellen.

Ein Bericht zum Arbeits- und Sozialverhalten wird auch beim Förderschwerpunkt → Emotionale und Soziale Entwicklung dem Zeugnis hinzugefügt, wenn die Verset-zungskonferenz dies beschlossen hat und die Schulkonferenz dazu eine einheitliche Vorgehensweise festgelegt hat (§ 49 Absatz 2 SchulG).

Eine besondere Regelung gilt für die → zielgleiche Förderung: Auf Wunsch der Eltern kann im Abschlusszeugnis auf die Aufnahme der Bemerkung, dass ihr Kind sonderpä-dagogisch gefördert wurde verzichtet werden (§ 21 Absatz 6 Satz 3 AO-SF).

Zieldifferente Förderung

An Schüler, die aufgrund einer geistigen Behinderung oder einer nachhaltigen Lern-störung nicht in der Lage sind, die in den Lehrplänen formulierten Ziele zu erreichen, können nicht die gleichen Anforderung gestellt werden, wie an die andern Schüler. Schüler mit den Förderschwerpunkten → Geistige Entwicklung und → Lernen wer-den daher unabhängig vom Förderort zieldifferent unterrichtet und in eigenständi-gen → Bildungsgängen zu eigenen → Abschlüssen geführt (§ 12 Absatz 4 SchulG). Dem entsprechen die Regelungen in der Ausbildungsordnung sonderpädagogische Förderung.

Für die zieldifferente Förderung gibt es für die Förderschwerpunkte Lernen und Geis-tige Entwicklung es besondere → Bildungsgänge (§§ 31 bis 37 AO-SF bzw. 38 bis 41 AO-SF). Entsprechendes gilt für Schüler mit einem Bedarf an sonderpädagogischer Unterstützung in mehreren Förderschwerpunkten, wenn sich darunter der Förder-schwerpunkt Lernen oder der Förderschwerpunkt Geistige Entwicklung befinden.

Die Entscheidung, ob ein Schüler zieldifferent gefördert wird, trifft die Schulaufsichtsbehörde im Rahmen eines → Feststellungsverfahrens, da dies weitreichende Folgen für die Schullaufbahn hat (§ 14 Absatz 1 Nr. 3n§ AO-SF).

Die Grundlage für eine zieldifferente Förderung bilden individuelle → Förderpläne, die von den Lehrkräften für jeden Schüler erstellt werden. Auch in dieser Schülergruppe ist das Leistungsvermögen durchaus unterschiedlich; es sind auch Stärken und Kompetenzen vorhanden, die in den Lehrplänen für die allgemeinen Schulen keine Rolle spielen. Zudem können eine erfolgreiche Förderung und eine entsprechende persönliche Entwicklung dazu führen, dass einzelne Schüler wieder an den Unterricht der → allgemeinen Schulen herangeführt werden können und dass sie die → Abschlüsse dieser Schulen erreichen können.

Der zieldifferenten Förderung dienen die Förderschwerpunkte Lernen und Geistige Entwicklung. Hierbei schlägt die Schulaufsichtsbehörde den Eltern mindestens eine bestimmte allgemeine Schule in zumutbarer Entfernung vor, die die erforderliche Unterstützung im Rahmen des Gemeinsamen Lernens anbieten kann. Ein Wahlrecht zwischen den verschiedenen Schulformen der Sekundarstufe I mit ihren unterschiedlichen Bildungsgängen gibt es bei einer zieldifferenten Förderung nicht, da der Schüler nicht nach den Unterrichtsvorgaben der allgemeinen Schule unterrichtet werden kann.

Über die Notwendigkeit zieldifferenten Lernens ist im Regelfall im Laufe der Grundschulzeit zu entscheiden, so dass diese Frage bereits beim Übergang in die Sekundarstufe I geklärt ist. Eltern, deren Kind in den Klassen 3 und 4 einer Grundschule oder in einer weiterführenden Schule sonderpädagogisch gefördert wird, müssen wissen, ob ihr Kind sich in dem Bildungsgang der betreffenden Schulform oder in einem der beiden zieldifferenten Bildungsgänge befindet. Nur so können sie z. B. erkennen, ob die Versetzungs- und Abschlussbestimmungen in der APO-S I für die jeweilige Schulform oder die Regelungen im 5. und 6. Abschnitt der AO-SF für die zieldifferenten Bildungsgänge auf ihr Kind angewendet werden.

Beim Übergang in die Sekundarstufe I hat die Schulaufsichtsbehörde bei ihrem → Vorschlag für einen schulischen Förderort an die Eltern die Empfehlung der Grundschule und ansonsten den bisherigen Bildungsweg des Schülers zu berücksichtigen.

Zielgleiche Förderung

Zielgleiche Förderung bedeutet, dass für alle Schüler die gleiche Ziele gelten Die Grundlage für den Unterricht bilden die **Lehrpläne** für die einzelnen Unterrichtsfächer (§ 29 SchulG).

In den Lehrplänen werden in der Regel schulformbezogen für jedes Fach und für bestimmte Klassenstufen Erwartungen formuliert, die deutlich machen, welche Fähigkeiten, Kenntnisse und Kompetenzen die Schüler in der Schule erwerben sollen. Sie orientieren sich an den sogenannten Bildungsstandards, die von der → Kultusministerkonferenz für die → Abschlüsse formuliert worden sind, um eine Vergleichbarkeit zwischen den Ländern zu sichern.

Schüler mit → Bedarf an sonderpädagogischer Unterstützung, die zielgleich gefördert werden, werden in der → allgemeinen Schule in der Primarstufe im Bildungsgang der Grundschule, in der Sekundarstufe I im Bildungsgang der Hauptschule, der Realschule oder Gymnasiums sowie in den Schulformen des längeren gemeinsamen Lernens (Gesamtschule, Sekundarschule) unterrichtet (§ 19 Absatz 3 SchulG). Sie werden – anders als bei der zieldifferenten Förderung – nicht zu eigenen Abschlüssen sondern zu den allgemeinen Abschlüssen geführt, die das Gesetz für die jeweiligen Bildungsgänge vorsieht.

Schüler mit Bedarf an sonderpädagogischer Unterstützung, die zielgleich gefördert werden, haben im Rahmen der gesetzlichen Vorgaben einen Anspruch auf Besuch der gewünschten Schulform (Schulformwahlfreiheit), nicht jedoch auf den Besuch einer bestimmten Schule dieser Schulform (§ 16 Absatz 1 Satz 2 AO-SF). Es gelten die gleichen rechtlichen Voraussetzungen wie für die Schüler ohne Bedarf an sonderpädagogischer Unterstützung: Die Wahlmöglichkeit wird lediglich durch die → Aufnahmekapazität der begrenzt.

Für den Übergang von der Grundschule in die Sekundarstufe I gilt § 8 AO-SG in Verbindung mit § 1 Absatz 1 APO-SI. Entscheiden sich die Eltern für eine von der Schulaufsichtsbehörde vorgeschlagene Schule, können sie damit rechnen, dass ihr Kind an dieser Schule aufgenommen wird (→ Vorschlag für den schulischen Förderort).

III. Rechtliche Grundlagen

a) Grundgesetz für die Bundesrepublik Deutschland (GG)
   vom 23. Mai 1949 (BGBl. S. 1), zuletzt geändert durch Gesetz
   vom 23. Dezember 2014 (BGBl. I S. 2438)

– Auszug –

Der Grundrechtekatalog ist 1994 in Artikel 3 Absatz 3 GG dahingehend erweitert worden, dass niemand wegen seiner Behinderung benachteiligt werden darf. Als eine Form der Benachteiligung kann der Ausschluss vom Zugang zu öffentlichen Einrichtungen angesehen werden. Dies bedeutet nach der Rechtsprechung des Bundesverfassungsgerichts bezogen auf den schulischen Bereich, dass der Besuch einer allgemeinen Schule nicht allein wegen einer Behinderung verwehrt werden darf, wenn dort Erziehung und Unterricht den Fähigkeiten einer Schülerin oder Schülers entspräche und ohne besonderen Aufwand oder durch einen vertretbaren Einsatz sonderpädagogischer Förderung möglich wäre (vgl. BVerfG vom 8. Oktober 1997 – 1 BvR 9/97).

Art. 3 Gleichheit/Gleichberechtigung

(1) Alle Menschen sind vor dem Gesetz gleich.

(2) Männer und Frauen sind gleichberechtigt. Der Staat fördert die tatsächliche Durchsetzung der Gleichberechtigung von Frauen und Männern und wirkt auf die Beseitigung bestehender Nachteile hin.

(3) Niemand darf wegen seines Geschlechtes, seiner Abstammung, seiner Rasse, seiner Sprache, seiner Heimat und Herkunft, seines Glaubens, seiner religiösen oder politischen Anschauungen benachteiligt oder bevorzugt werden. Niemand darf wegen seiner Behinderung benachteiligt werden.

b) Übereinkommen über die Rechte von Menschen mit Behinderungen (Behindertenrechtskonvention – VN-BRK) vom 13. Dezember 2006, Gesetz vom 21. Dezember 2008 (BGBl. II S. 1419)

– Auszug –

> Die Behindertenrechtskonvention ist ein völkerrechtlicher Vertrag, der bestehende Menschenrechte mit Blick auf die Menschen von Behinderungen stärkt und konkretisiert. In Artikel 24 des Übereinkommens geht es vor allem darum, Kinder und Jugendliche mit Behinderungen in das allgemeine Schulwesen einzubeziehen und das gemeinsame Lernen von Schülerinnen und Schülern mit und ohne Behinderungen zu ermöglichen (inklusive schulische Bildung). Die Behindertenrechtskonvention ist aufgrund der Ratifizierung durch Deutschland seit dem 16. März 2009 für Deutschland verbindlich.

Art. 24 VN-BRK

(1) Die Vertragsstaaten anerkennen das Recht von Menschen mit Behinderungen auf Bildung. Um dieses Recht ohne Diskriminierung und auf der Grundlage der Chancengleichheit zu verwirklichen, gewährleisten die Vertragsstaaten ein integratives Bildungssystem auf allen Ebenen und lebenslanges Lernen mit dem Ziel,

a) die menschlichen Möglichkeiten sowie das Bewusstsein der Würde und das Selbstwertgefühl des Menschen voll zur Entfaltung zu bringen und die Achtung vor den Menschenrechten, den Grundfreiheiten und der menschlichen Vielfalt zu stärken;

b) Menschen mit Behinderungen ihre Persönlichkeit, ihre Begabungen und ihre Kreativität sowie ihre geistigen und körperlichen Fähigkeiten voll zur Entfaltung bringen zu lassen;

c) Menschen mit Behinderungen zur wirklichen Teilhabe an einer freien Gesellschaft zu befähigen.

(2) Bei der Verwirklichung dieses Rechts stellen die Vertragsstaaten sicher, dass

a) Menschen mit Behinderungen nicht aufgrund von Behinderung vom allgemeinen Bildungssystem ausgeschlossen werden und dass Kinder mit Behinderungen nicht aufgrund von Behinderung vom unentgeltlichen und obligatorischen Grundschulunterricht oder vom Besuch weiterführender Schulen ausgeschlossen werden;

b) Menschen mit Behinderungen gleichberechtigt mit anderen in der Gemeinschaft, in der sie leben, Zugang zu einem integrativen, hochwertigen und unentgeltlichen Unterricht an Grundschulen und weiterführenden Schulen haben;

c) angemessene Vorkehrungen für die Bedürfnisse des Einzelnen getroffen werden;

d) Menschen mit Behinderungen innerhalb des allgemeinen Bildungssystems die notwendige Unterstützung geleistet wird, um ihre erfolgreiche Bildung zu erleichtern;

e) in Übereinstimmung mit dem Ziel der vollständigen Integration wirksame individuell angepasste Unterstützungsmaßnahmen in einem Umfeld, das die bestmögliche schulische und soziale Entwicklung gestattet, angeboten werden.

(3) Die Vertragsstaaten ermöglichen Menschen mit Behinderungen, lebenspraktische Fertigkeiten und soziale Kompetenzen zu erwerben, um ihre volle und gleichberechtigte Teilhabe an der Bildung und als Mitglieder der Gemeinschaft zu erleichtern. Zu diesem Zweck ergreifen die Vertragsstaaten geeignete Maßnahmen; unter anderem

a) erleichtern sie das Erlernen von Brailleschrift, alternativer Schrift, ergänzenden und alternativen Formen, Mitteln und Formaten der Kommunikation, den Erwerb von Orientierungs- und Mobilitätsfertigkeiten sowie die Unterstützung durch andere Menschen mit Behinderungen und das Mentoring;

b) erleichtern sie das Erlernen der Gebärdensprache und die Förderung der sprachlichen Identität der Gehörlosen;

c) stellen sie sicher, dass blinden, gehörlosen oder taubblinden Menschen, insbesondere Kindern, Bildung in den Sprachen und Kommunikationsformen und mit den Kommunikationsmitteln, die für den Einzelnen am besten geeignet sind, sowie in einem Umfeld vermittelt wird, das die bestmögliche schulische und soziale Entwicklung gestattet.

(4) Um zur Verwirklichung dieses Rechts beizutragen, treffen die Vertragsstaaten geeignete Maßnahmen zur Einstellung von Lehrkräften, einschließlich solcher mit Behinderungen, die in Gebärdensprache oder Brailleschrift ausgebildet sind, und zur Schulung von Fachkräften sowie Mitarbeitern und Mitarbeiterinnen auf allen Ebenen des Bildungswesens. Diese Schulung schließt die Schärfung des Bewusstseins für Behinderungen und die Verwendung geeigneter ergänzender und alternativer Formen, Mittel und Formate der Kommunikation sowie pädagogische Verfahren und Materialien zur Unterstützung von Menschen mit Behinderungen ein.

(5) Die Vertragsstaaten stellen sicher, dass Menschen mit Behinderungen ohne Diskriminierung und gleichberechtigt mit anderen Zugang zu allgemeiner Hochschulbildung, Berufsausbildung, Erwachsenenbildung und lebenslangem Lernen haben. Zu diesem Zweck stellen die Vertragsstaaten sicher, dass für Menschen mit Behinderungen angemessene Vorkehrungen getroffen werden.

c) Schulgesetz für das Land Nordrhein-Westfalen (Schulgesetz NRW – SchulG) vom 15. Februar 2005 (GV. NRW. S. 102), zuletzt geändert durch Gesetz vom 25. März 2015 (GV. NRW. S. 309) – BASS 1–1

– Auszug –

Den Ländern (und nicht dem Bund) obliegt es aufgrund ihrer Gesetzgebungskompetenz für das Schulwesen, Artikel 24 VN-BRK in innerstaatliches Recht umzusetzen. In Nordrhein-Westfalen ist dies durch das 9. Schulrechtsänderungsgesetz (2013) geschehen, das zum Schuljahr 2014/2015 in Kraft getreten ist. Diese Gesetzesnovelle ist darauf gerichtet, die allgemeine Schule als Ort zu bestimmen, an dem sonderpädagogische Förderung in der Regel stattfindet.

§ 2 Bildungs- und Erziehungsauftrag der Schule

(1) Die Schule unterrichtet und erzieht junge Menschen auf der Grundlage des Grundgesetzes und der Landesverfassung. Sie verwirklicht die in Artikel 7 der Landesverfassung bestimmten allgemeinen Bildungs- und Erziehungsziele.

(2) Ehrfurcht vor Gott, Achtung vor der Würde des Menschen und Bereitschaft zum sozialen Handeln zu wecken, ist vornehmstes Ziel der Erziehung. Die Jugend soll erzogen werden im Geist der Menschlichkeit, der Demokratie und der Freiheit, zur Duldsamkeit und zur Achtung vor der Überzeugung des anderen, zur Verantwortung für Tiere und die Erhaltung der natürlichen Lebensgrundlagen, in Liebe zu Volk und Heimat, zur Völkergemeinschaft und zur Friedensgesinnung.

(3) Die Schule achtet das Erziehungsrecht der Eltern. Schule und Eltern wirken bei der Verwirklichung der Bildungs- und Erziehungsziele partnerschaftlich zusammen.

(4) Die Schule vermittelt die zur Erfüllung ihres Bildungs- und Erziehungsauftrags erforderlichen Kenntnisse, Fähigkeiten, Fertigkeiten und Werthaltungen und berücksichtigt dabei die individuellen Voraussetzungen der Schülerinnen und Schüler. Sie fördert die Entfaltung der Person, die Selbstständigkeit ihrer Entscheidungen und Handlungen und das Verantwortungsbewusstsein für das Gemeinwohl, die Natur und die Umwelt. Schülerinnen und Schüler werden befähigt, verantwortlich am sozialen, gesellschaftlichen, wirtschaftlichen, beruflichen, kulturellen und politischen Leben teilzunehmen und ihr eigenes Leben zu gestalten. Schülerinnen und Schüler werden in der Regel gemeinsam unterrichtet und erzogen (Koedukation).

(5) Die Schule fördert die vorurteilsfreie Begegnung von Menschen mit und ohne Behinderung. In der Schule werden sie in der Regel gemeinsam unterrichtet und erzogen (inklusive Bildung). Schülerinnen und Schüler, die auf sonderpädagogische Unterstützung angewiesen sind, werden nach ihrem individuellen Bedarf besonders gefördert, um ihnen ein möglichst hohes Maß an schulischer und beruflicher Eingliederung, gesellschaftlicher Teilhabe und selbstständiger Lebensgestaltung zu ermöglichen.

(6) Die Schülerinnen und Schüler sollen insbesondere lernen
1. selbstständig und eigenverantwortlich zu handeln,
2. für sich und gemeinsam mit anderen zu lernen und Leistungen zu erbringen,
3. die eigene Meinung zu vertreten und die Meinung anderer zu achten,
4. in religiösen und weltanschaulichen Fragen persönliche Entscheidungen zu treffen und Verständnis und Toleranz gegenüber den Entscheidungen anderer zu entwickeln,
5. Menschen unterschiedlicher Herkunft vorurteilsfrei zu begegnen, die Werte der unterschiedlichen Kulturen kennenzulernen und zu reflektieren sowie für ein friedliches und diskriminierungsfreies Zusammenleben einzustehen,
6. die grundlegenden Normen des Grundgesetzes und der Landesverfassung zu verstehen und für die Demokratie einzutreten,
7. die eigene Wahrnehmungs-, Empfindungs- und Ausdrucksfähigkeit sowie musisch-künstlerische Fähigkeiten zu entfalten,
8. Freude an der Bewegung und am gemeinsamen Sport zu entwickeln, sich gesund zu ernähren und gesund zu leben,
9. mit Medien verantwortungsbewusst und sicher umzugehen.

(7) Die Schule ist ein Raum religiöser wie weltanschaulicher Freiheit. Sie wahrt Offenheit und Toleranz gegenüber den unterschiedlichen religiösen, weltanschaulichen und politischen Überzeugungen und Wertvorstellungen. Sie achtet den Grundsatz der Gleichberechtigung der Geschlechter und wirkt auf die Beseitigung bestehender Nachteile hin. Sie vermeidet alles, was die Empfindungen anders Denkender verletzen könnte. Schülerinnen und Schüler dürfen nicht einseitig beeinflusst werden.

(8) Die Schule ermöglicht und respektiert im Rahmen der freiheitlich-demokratischen Grundordnung unterschiedliche Auffassungen. Schulleiterinnen und Schulleiter, Lehrerinnen und Lehrer sowie Mitarbeiterinnen und Mitarbeiter gemäß § 58 nehmen ihre Aufgaben unparteilich wahr. Sie dürfen in der Schule keine politischen, religiösen, weltanschaulichen oder ähnlichen Bekundungen abgeben, die die Neutralität des Landes gegenüber Schülerinnen und Schülern sowie Eltern oder den politischen, religiösen oder weltanschaulichen Schulfrieden gefährden oder stören. Insbesondere ist ein Verhalten unzulässig, welches bei Schülerinnen und Schülern oder den Eltern den Eindruck hervorruft, dass eine Schulleiterin oder ein Schulleiter, eine Lehrerin oder ein Lehrer oder eine Mitarbeiterin oder ein Mitarbeiter gemäß § 58 gegen die Menschenwürde, die Gleichberechtigung nach Artikel 3 des Grundgesetzes, die Freiheitsgrundrechte oder die freiheitlich-demokratische Grundordnung auftritt. Die Besonderheiten des Religionsunterrichts und der Bekenntnis- und Weltanschauungsschulen bleiben unberührt.

(9) Der Unterricht soll die Lernfreude der Schülerinnen und Schüler erhalten und weiter fördern. Er soll die Schülerinnen und Schüler anregen und befähigen, Strategien und Methoden für ein lebenslanges nachhaltiges Lernen zu entwickeln. Drohendem Leistungsversagen und anderen Beeinträchtigungen von Schülerinnen und Schülern begegnet die Schule unter frühzeitiger Einbeziehung der Eltern mit vorbeugenden Maßnahmen.

(10) Die Schule fördert die Integration von Schülerinnen und Schülern, deren Muttersprache nicht Deutsch ist, durch Angebote zum Erwerb der deutschen Sprache. Dabei achtet und fördert sie die ethnische, kulturelle und sprachliche Identität (Muttersprache) dieser Schülerinnen und Schüler. Sie sollen gemeinsam mit allen anderen Schülerinnen und Schülern unterrichtet und zu den gleichen Abschlüssen geführt werden.

(11) Besonders begabte Schülerinnen und Schüler werden durch Beratung und ergänzende Bildungsangebote in ihrer Entwicklung gefördert.

(12) Die Absätze 1 bis 11 gelten mit Ausnahme der sich aus der staatlichen Neutralität für das Schulpersonal ergebenden Verpflichtungen (Absatz 8 Satz 3) auch für Ersatzschulen.

§ 12 Sekundarstufe I

(1) Die Schulformen der Sekundarstufe I bauen auf der Grundschule auf. Im Rahmen des besonderen Bildungs- und Erziehungsauftrags der Schulformen (§ 14 Abs. 1, § 15 Abs. 1, § 16 Abs. 1, § 17 Abs. 1, § 17a Abs. 1) haben sie die Aufgabe, den Schülerinnen und Schülern eine gemeinsame Grundbildung zu vermitteln und sie zu befähigen, eine Berufsausbildung aufzunehmen oder in vollzeitschulische allgemein bildende oder berufliche Bildungsgänge der Sekundarstufe II einzutreten.

(2) Die Bildungsgänge der Sekundarstufe I enden mit Abschlüssen. Abschlüsse sind
1. der Hauptschulabschluss und ein ihm gleichwertiger Abschluss,
2. der Hauptschulabschluss nach Klasse 10 und ein ihm gleichwertiger Abschluss,
3. der mittlere Schulabschluss (Fachoberschulreife), der mit der Berechtigung zum Besuch der gymnasialen Oberstufe verbunden sein kann.

Abweichend von Satz 1 werden im Gymnasium nach der Einführungsphase vergeben:
1. der mittlere Schulabschluss (Fachoberschulreife),
2. ein dem Hauptschulabschluss nach Klasse 10 gleichwertiger Abschluss.

(3) Der Hauptschulabschluss nach Klasse 10 und der mittlere Schulabschluss (Fachoberschulreife) werden an der Hauptschule, der Realschule, der Sekundarschule und der Gesamtschule in einem Abschlussverfahren erworben, das sich aus den schulischen Leistungen in der zehnten Klasse und einer Prüfung zusammensetzt. Für die schriftliche Prüfung werden landeseinheitliche Aufgaben gestellt.

(4) Schülerinnen und Schüler mit Bedarf an sonderpädagogischer Unterstützung, die nicht nach den Unterrichtsvorgaben der allgemeinen Schulen unterrichtet werden (zieldifferent), werden zu eigenen Abschlüssen geführt (§ 19 Absatz 4).

§ 19 Sonderpädagogische Förderung

(1) Schülerinnen und Schüler, die auf Grund einer Behinderung oder wegen einer Lern- oder Entwicklungsstörung besondere Unterstützung benötigen, werden nach ihrem individuellen Bedarf sonderpädagogisch gefördert.

(2) Die sonderpädagogische Förderung umfasst die Förderschwerpunkte
1. Lernen,
2. Sprache,
3. Emotionale und soziale Entwicklung,
4. Hören und Kommunikation,
5. Sehen,
6. Geistige Entwicklung und
7. Körperliche und motorische Entwicklung.

(3) Die sonderpädagogische Förderung hat im Rahmen des Bildungs- und Erziehungsauftrags der Schulen das Ziel, die Schülerinnen und Schüler mit Bedarf an sonderpädagogischer Unterstützung zu den Abschlüssen zu führen, die dieses Gesetz vorsieht (zielgleich). Für den Unterricht gelten grundsätzlich die Unterrichtsvorgaben (§ 29) für die allgemeine Schule sowie die Richtlinien für die einzelnen Förderschwerpunkte.

(4) Im Förderschwerpunkt Lernen und im Förderschwerpunkt Geistige Entwicklung werden die Schülerinnen und Schüler zu eigenen Abschlüssen geführt (§ 12 Absatz 4). Dies gilt auch für Schülerinnen und Schüler, bei denen daneben weitere Förderschwerpunkte festgestellt sind. Im Förderschwerpunkt Lernen ist der Erwerb eines dem Hauptschulabschluss gleichwertigen Abschlusses möglich.

(5) Auf Antrag der Eltern entscheidet die Schulaufsichtsbehörde über den Bedarf an sonderpädagogischer Unterstützung und die Förderschwerpunkte. Vorher holt sie ein sonderpädagogisches Gutachten sowie, sofern erforderlich, ein medizinisches Gutachten der unteren Gesundheitsbehörde ein und beteiligt die Eltern. Besteht ein Bedarf an sonderpädagogischer Unterstützung, schlägt sie den Eltern mit Zustimmung des Schulträgers mindestens eine allgemeine Schule vor, an der ein Angebot zum Gemeinsamen Lernen eingerichtet ist. § 20 Absätze 4 und 5 bleiben unberührt.

(6) Die Schulaufsichtsbehörde berät die Eltern und informiert sie über weitere Beratungsangebote.

(7) In Ausnahmefällen kann eine allgemeine Schule den Antrag nach Absatz 5 stellen, insbesondere
1. wenn eine Schülerin oder ein Schüler nicht zielgleich unterrichtet werden kann oder
2. bei einem vermuteten Bedarf an sonderpädagogischer Unterstützung im Förderschwerpunkt Emotionale und soziale Entwicklung, der mit einer Selbst- oder Fremdgefährdung einhergeht.

Bei einem vermuteten Bedarf an sonderpädagogischer Unterstützung im Förderschwerpunkt Lernen kann die allgemeine Schule den Antrag in der Regel erst stellen, wenn eine Schülerin oder ein Schüler die Schuleingangsphase der Grundschule im dritten Jahr besucht; nach dem Ende der Klasse 6 ist ein Antrag nicht mehr möglich.

(8) Das Ministerium bestimmt durch Rechtsverordnung mit Zustimmung des für Schulen zuständigen Landtagsausschusses die Voraussetzungen und das Verfahren zur Feststellung des Bedarfs an sonderpädagogischer Unterstützung sowie zur Festlegung

der Förderschwerpunkte und Benennung geeigneter Schulen einschließlich der Beteiligung der Eltern und die Vergabe der Abschlüsse nach Maßgabe des Absatzes 4.

(9) Schülerinnen und Schüler mit einer geistigen Behinderung, die ihre Schulpflicht erfüllt haben, sind bis zum Ablauf des Schuljahres, in dem sie das 25. Lebensjahr vollenden, berechtigt, eine Förderschule mit dem Förderschwerpunkt Geistige Entwicklung zu besuchen, wenn sie dort dem Ziel des Bildungsganges näher gebracht werden können.

(5) Kinder mit einer Hör- oder Sehschädigung werden auf Antrag der Eltern in die pädagogische Frühförderung aufgenommen. Sie umfasst die Hausfrüherziehung sowie die Förderung in einem Förderschulkindergarten als Teil der Förderschule oder in einer Kindertageseinrichtung mit Unterstützung durch die Förderschule. Über die Aufnahme in die pädagogische Frühförderung entscheidet die Schulaufsichtsbehörde auf Antrag der Eltern, nachdem sie ein medizinisches Gutachten der unteren Gesundheitsbehörde eingeholt hat.

§ 20 Orte der sonderpädagogischen Förderung

(1) Orte der sonderpädagogischen Förderung sind
    1. die allgemeinen Schulen (allgemein bildende Schulen und Berufskollegs),
    2. die Förderschulen,
    3. die Schulen für Kranke (§ 21 Abs. 2).

(2) Sonderpädagogische Förderung findet in der Regel in der allgemeinen Schule statt. Die Eltern können abweichend hiervon die Förderschule wählen.

(3) In der allgemeinen Schule wird der Unterricht als Gemeinsames Lernen für Schülerinnen und Schüler mit und ohne Bedarf an sonderpädagogischer Unterstützung im Klassenverband oder in der Lerngruppe erteilt. Er erstreckt sich auf alle Unterrichtsvorgaben nach § 19 Absätze 3 und 4. Hierbei sind Formen innerer und äußerer Differenzierung möglich. Dies gilt auch für die Schülerinnen und Schüler, die zieldifferent unterrichtet werden.

(4) In besonderen Ausnahmefällen kann die Schulaufsichtsbehörde abweichend von der Wahl der Eltern die allgemeine Schule anstelle der Förderschule oder die Förderschule anstelle der allgemeinen Schule als Förderort bestimmen. Dies setzt voraus, dass die personellen und sächlichen Voraussetzungen am gewählten Förderort nicht erfüllt sind und auch nicht mit vertretbarem Aufwand erfüllt werden können. Die Schulaufsichtsbehörde legt die Gründe dar und gibt den Eltern die Gelegenheit, sich zu der beabsichtigten Entscheidung zu äußern. Gleichzeitig informiert sie über weitere Beratungsangebote.

(5) Die Schulaufsichtsbehörde richtet Gemeinsames Lernen mit Zustimmung des Schulträgers an einer allgemeinen Schule ein, es sei denn, die Schule ist dafür personell und sächlich nicht ausgestattet und kann auch nicht mit vertretbarem Aufwand dafür ausgestattet werden.

(6) Auf dem Weg zu einem inklusiven Schulangebot können Schulträger mit Zustimmung der oberen Schulaufsichtsbehörde allgemeine Schulen als Schwerpunktschulen bestimmen. Eine solche Schule umfasst über die Förderschwerpunkte Lernen, Sprache sowie Emotionale und soziale Entwicklung hinaus weitere Förderschwerpunkte, mindestens aber einen weiteren Förderschwerpunkt. Die Schwerpunktschule unterstützt andere Schulen im Rahmen der Zusammenarbeit nach § 4.

(7) Der Schulträger kann Förderschulen unterschiedlicher Förderschwerpunkte im Verbund als eine Schule in kooperativer oder integrativer Form führen.

§ 35 Beginn der Schulpflicht

(1) Die Schulpflicht beginnt für Kinder, die bis zum Beginn des 30. September das sechste Lebensjahr vollendet haben, am 1. August desselben Kalenderjahres.

(2) Kinder, die nach dem in Absatz 1 genannten Zeitpunkt das sechste Lebensjahr vollenden, können auf Antrag der Eltern zu Beginn des Schuljahres in die Schule aufgenommen werden, wenn sie die für den Schulbesuch erforderlichen körperlichen und geistigen Voraussetzungen besitzen und in ihrem sozialen Verhalten ausreichend entwickelt sind (Schulfähigkeit); sie werden mit der Aufnahme schulpflichtig. Die Entscheidung trifft die Schulleiterin oder der Schulleiter unter Berücksichtigung des schulärztlichen Gutachtens.

(3) Schulpflichtige Kinder können aus erheblichen gesundheitlichen Gründen für ein Jahr zurückgestellt werden. Die Entscheidung trifft die Schulleiterin oder der Schulleiter auf der Grundlage des schulärztlichen Gutachtens. Die Eltern sind anzuhören. Die Prüfung kann auch auf Antrag der Eltern erfolgen. Die Zeit der Zurückstellung wird in der Regel auf die Dauer der Schulpflicht nicht angerechnet. Das Schulamt kann in Ausnahmefällen auf Antrag der Eltern die Zeit der Zurückstellung auf die Dauer der Schulpflicht anrechnen.

§ 40 Ruhen der Schulpflicht

(1) Die Schulpflicht ruht
1. während des Besuchs einer Hochschule,
2. während des Grundwehrdienstes, des Zivildienstes oder eines Bundesfreiwilligendienstes
3. während eines freiwilligen ökologischen oder sozialen Jahres, das nach den hierfür maßgeblichen gesetzlichen Bestimmungen abgeleistet wird,
4. während eines öffentlich-rechtlichen Ausbildungsverhältnisses,
5. vor und nach Geburt des Kindes einer Schülerin entsprechend dem Mutterschutzgesetz,
6. wenn der Nachweis geführt wird, dass durch den Schulbesuch die Betreuung des Kindes der Schülerin oder des Schülers gefährdet wäre,
7. während des Besuchs einer anerkannten Ausbildungseinrichtung für Heil- oder Heilhilfsberufe,

8. für Personen mit Aussiedler- oder Ausländerstatus während des Besuchs eines anerkannten Sprachkurses oder Förderkurses,
9. während des Besuchs des Bildungsgangs der Abendrealschule oder eines Vollzeitkurses einer Weiterbildungseinrichtung zum nachträglichen Erwerb eines Schulabschlusses.

(2) Für Kinder und Jugendliche, die selbst nach Ausschöpfen aller Möglichkeiten sonderpädagogischer Förderung nicht gefördert werden können, ruht die Schulpflicht. Die Entscheidung trifft die Schulaufsichtsbehörde; sie holt dazu ein Gutachten der unteren Gesundheitsbehörde ein und hört die Eltern an.

(3) Das Ruhen der Schulpflicht wird auf die Dauer der Schulpflicht angerechnet.

§ 132 Übergangsvorschriften, Öffnungsklausel

(1) Kreise und kreisangehörige Gemeinden als Schulträger können im Gebiet eines Kreises mit Genehmigung der oberen Schulaufsichtsbehörde vereinbaren, ihre Förderschulen mit dem Förderschwerpunkt Lernen, mit dem Förderschwerpunkt Emotionale und soziale Entwicklung und mit dem Förderschwerpunkt Sprache auch dann aufzulösen, wenn sie die in der Verordnung über die Mindestgrößen von Förderschulen bestimmten Schülerzahlen erreichen. Dabei muss gewährleistet sein, dass allein die allgemeine Schule Ort der sonderpädagogischen Förderung ist; § 20 Absätze 2 und 4 und § 78 Absatz 4 sind in diesem Fall nicht anwendbar. Die Sätze 1 und 2 gelten entsprechend für kreisfreie Städte als Schulträger. Die Rechtsstellung der Schulen in freier Trägerschaft bleibt unberührt.

(2) Auf Antrag eines Schulträgers kann die obere Schulaufsichtsbehörde die Auflösung aller Förderschulen eines oder mehrerer der unter Absatz 1 genannten Förderschwerpunkte zugunsten eines inklusiven Schulangebots genehmigen. Absatz 1 Satz 2 gilt auch in diesem Fall. § 78 Absätze 1 bis 3 bleiben unberührt.

(3) Für Schülerinnen und Schüler mit einem besonders ausgeprägten, umfassenden Bedarf an sonderpädagogischer Unterstützung im Förderschwerpunkt Emotionale und soziale Entwicklung können öffentliche und freie Schulträger in den Fällen
1. des Absatzes 1 oder
2. des Absatzes 2 bei Auflösung der Förderschulen mit dem Förderschwerpunkt Emotionale und soziale Entwicklung

mit Genehmigung der oberen Schulaufsichtsbehörde einen schulischen Lernort einrichten. Dieser kann als Teil einer allgemeinen Schule oder als Förderschule geführt werden. Darin werden Schülerinnen und Schüler befristet mit dem Ziel unterrichtet und erzogen, sie in Abstimmung mit ihrer Schule auf die baldige Rückkehr vorzubereiten. Die Kinder und Jugendlichen bleiben Schülerinnen und Schüler der allgemeinen Schule.

(4) Genehmigungen und Anerkennungen, die Trägern von Schulen in freier Trägerschaft vor In-Kraft-Treten dieses Gesetzes erteilt worden sind, gelten fort. Deren Aufhebung, Erlöschen und Übergang richtet sich nach den Vorschriften des Elften Teils.

d) Verordnung über die sonderpädagogische Förderung, den Hausunterricht und die Schule für Kranke (Ausbildungsordnung sonderpädagogische Förderung – AO-SF) vom 29. April 2005 (GV. NRW. S. 538), zuletzt geändert durch Verordnung vom 29. September 2014 (GV. NRW. S. 608) – BASS 13-41 Nr. 2.1

Die AO-SF regelt
- ✓ die Voraussetzungen und das Verfahren zur Feststellung eines Bedarfs an sonderpädagogischer Unterstützung sowie zur Festlegung der Förderschwerpunkte und der Benennung von Schulen, die als Förderort geeignet sind,
- ✓ die Beteiligung der Eltern an dem Feststellungsverfahren,
- ✓ die Ausbildung von Schülerinnen und Schülern mit einem Bedarf an sonderpädagogischer Unterstützung sowie die Vergabe von Abschlüssen und
- ✓ den Stufenaufbau der Förderschulen und Schulen für Kranke.

Aufgrund der §§ 10 Abs. 6, 19 Abs. 3, 52 und 65 Abs. 4 des Schulgesetzes für das Land Nordrhein-Westfalen vom 15. Februar 2005 (GV. NRW. S. 102) wird mit Zustimmung des Ausschusses für Schule und Weiterbildung des Landtags verordnet:

Inhaltsverzeichnis

Erster Teil
Sonderpädagogische Förderung

1. Abschnitt
Grundlagen

2. Abschnitt
Entscheidung über Bedarf an sonderpädagogischer Unterstützung, Förderschwerpunkte und Förderort

3. Abschnitt
Gemeinsame Bestimmungen für die Bildungsgänge

4. Abschnitt
Einzelne Förderschwerpunkte

5. Abschnitt
Zieldifferenter Bildungsgang Lernen

6. Abschnitt
Zieldifferenter Bildungsgang Geistige Entwicklung

§ 40 Leistungsbewertung
§ 41 Versetzung, Zeugnisse

7. Abschnitt
Schülerinnen und Schüler
mit Autismus-Spektrum-Störungen
§ 42 Schülerinnen und Schüler mit Autismus-Spektrum-Störungen

Zweiter Teil
Hausunterricht
§ 43 Einrichtung von Hausunterricht
§ 44 Ärztliches Gutachten
§ 45 Unterricht und Unterrichtsorganisation
§ 46 Information über den Leistungsstand, Fortsetzung der Schullaufbahn

Dritter Teil
Schule für Kranke
§ 47 Aufnahme in die Schule für Kranke, Unterricht

Vierter Teil
Schlussbestimmungen
§ 48 Inkrafttreten

Erster Teil
Sonderpädagogische Förderung

1. Abschnitt
Grundlagen

§ 1 Inklusive Bildung

(1) Sonderpädagogische Förderung findet in der Regel in der allgemeinen Schule statt. Die Eltern können abweichend hiervon die Förderschule wählen.

(2) In der allgemeinen Schule werden Schülerinnen und Schüler mit und ohne Behinderung in der Regel gemeinsam unterrichtet und erzogen (inklusive Bildung).

§ 2 Orte und Schwerpunkte der sonderpädagogischen Förderung

(1) Orte der sonderpädagogischen Förderung sind
   1. die allgemeinen Schulen (allgemein bildende Schulen und Berufskollegs),
   2. die Förderschulen,
   3. die Schulen für Kranke.

(2) Schwerpunkte der sonderpädagogischen Förderung sind
1. Lernen (§ 4 Absatz 2),
2. Sprache (§ 4 Absatz 3),
3. Emotionale und soziale Entwicklung (§ 4 Absatz 4),
4. Hören und Kommunikation (§ 7),
5. Sehen (§ 8),
6. Geistige Entwicklung (§ 5),
7. Körperliche und motorische Entwicklung (§ 6).

(3) Die Schülerinnen und Schüler werden nach Maßgabe dieser Verordnung in den Bildungsgängen der allgemeinen Schulen zielgleich, im Bildungsgang des Förderschwerpunkts Lernen und im Bildungsgang des Förderschwerpunkts Geistige Entwicklung zieldifferent unterrichtet.

§ 3 Bedarf an sonderpädagogischer Unterstützung

Einen Bedarf an sonderpädagogischer Unterstützung können begründen
1. Lern- und Entwicklungsstörungen (Lernbehinderung, Sprachbehinderung, Erziehungsschwierigkeit),
2. Geistige Behinderung,
3. Körperbehinderung,
4. Hörschädigungen (Gehörlosigkeit, Schwerhörigkeit),
5. Sehschädigungen (Blindheit, Sehbehinderung),
6. Autismus-Spektrum-Störungen.

§ 4 Lern- und Entwicklungsstörungen (Förderschwerpunkte Lernen, Sprache, Emotionale und soziale Entwicklung)

(1) Lern- und Entwicklungsstörungen sind erhebliche Beeinträchtigungen im Lernen, in der Sprache sowie in der emotionalen und sozialen Entwicklung, die sich häufig gegenseitig bedingen oder wechselseitig verstärken. Sie können zu einem Bedarf an sonderpädagogischer Unterstützung in mehr als einem dieser Förderschwerpunkte führen.

(2) Ein Bedarf an sonderpädagogischer Unterstützung im Förderschwerpunkt Lernen besteht, wenn die Lern- und Leistungsausfälle schwerwiegender, umfänglicher und langdauernder Art sind.

(3) Ein Bedarf an sonderpädagogischer Unterstützung im Förderschwerpunkt Sprache besteht, wenn der Gebrauch der Sprache nachhaltig gestört und mit erheblichem subjektiven Störungsbewusstsein sowie Beeinträchtigungen in der Kommunikation verbunden ist und dies nicht alleine durch außerschulische Maßnahmen behoben werden kann.

(4) Ein Bedarf an sonderpädagogischer Unterstützung im Förderschwerpunkt Emotionale und soziale Entwicklung (Erziehungsschwierigkeit) besteht, wenn sich eine Schülerin oder ein Schüler der Erziehung so nachhaltig verschließt oder widersetzt,

dass sie oder er im Unterricht nicht oder nicht hinreichend gefördert werden kann und die eigene Entwicklung oder die der Mitschülerinnen und Mitschüler erheblich gestört oder gefährdet ist.

§ 5 Geistige Behinderung (Förderschwerpunkt Geistige Entwicklung)

Ein Bedarf an sonderpädagogischer Unterstützung im Förderschwerpunkt Geistige Entwicklung besteht, wenn das schulische Lernen im Bereich der kognitiven Funktionen und in der Entwicklung der Gesamtpersönlichkeit dauerhaft und hochgradig beeinträchtigt ist, und wenn hinreichende Anhaltspunkte dafür sprechen, dass die Schülerin oder der Schüler zur selbstständigen Lebensführung voraussichtlich auch nach dem Ende der Schulzeit auf Dauer Hilfe benötigt.

§ 6 Körperbehinderung (Förderschwerpunkt Körperliche und motorische Entwicklung)

Ein Bedarf an sonderpädagogischer Unterstützung im Förderschwerpunkt Körperliche und motorische Entwicklung besteht, wenn das schulische Lernen dauerhaft und umfänglich beeinträchtigt ist auf Grund erheblicher Funktionsstörungen des Stütz- und Bewegungssystems, Schädigungen von Gehirn, Rückenmark, Muskulatur oder Knochengerüst, Fehlfunktion von Organen oder schwerwiegenden psychischen Belastungen infolge andersartigen Aussehens.

§ 7 Hörschädigungen (Förderschwerpunkt Hören und Kommunikation)

(1) Ein Bedarf an sonderpädagogischer Unterstützung im Förderschwerpunkt Hören und Kommunikation besteht, wenn das schulische Lernen auf Grund von Gehörlosigkeit oder Schwerhörigkeit schwerwiegend beeinträchtigt ist.

(2) Gehörlosigkeit liegt vor, wenn lautsprachliche Informationen der Umwelt nicht über das Gehör aufgenommen werden können.

(3) Schwerhörigkeit liegt vor, wenn trotz apparativer Versorgung lautsprachliche Informationen der Umwelt nur begrenzt aufgenommen werden können und wenn erhebliche Beeinträchtigungen in der Entwicklung des Sprechens und der Sprache oder im kommunikativen Verhalten oder im Lernverhalten auftreten oder wenn eine erhebliche Störung der zentralen Verarbeitung der Höreindrücke besteht.

§ 8 Sehschädigungen (Förderschwerpunkt Sehen)

(1) Ein Bedarf an sonderpädagogischer Unterstützung im Förderschwerpunkt Sehen besteht, wenn das schulische Lernen auf Grund von Blindheit oder Sehbehinderung schwerwiegend beeinträchtigt ist.

(2) Blindheit liegt vor, wenn das Sehvermögen so stark herabgesetzt ist, dass die Betroffenen auch nach optischer Korrektur ihrer Umwelt überwiegend nicht visuell begegnen. Schülerinnen und Schüler, die mit Erblindung rechnen müssen, werden bei der Feststellung des Bedarfs an sonderpädagogischer Unterstützung Blinden gleichgestellt.

(3) Eine Sehbehinderung liegt vor, wenn auch nach optischer Korrektur Teilfunktionen des Sehens, wie Fern- oder Nahvisus, Gesichtsfeld, Kontrast, Farbe, Blendung und Bewegung erheblich eingeschränkt sind oder wenn eine erhebliche Störung der zentralen Verarbeitung der Seheindrücke besteht.

§ 9 Gliederung der Förderschulen

(1) In allen Förderschulen gliedert sich der Bildungsgang in die Primarstufe und in die Sekundarstufe I. Er dauert zehn Jahre, im Förderschwerpunkt Geistige Entwicklung elf Jahre. Die Klassen 1 und 2 werden als Schuleingangsphase geführt. Sie können in einem Jahr, in zwei Jahren oder in drei Jahren durchlaufen werden. Die Schule entscheidet mit Zustimmung der Schulkonferenz über die Organisationsform der Schuleingangsphase.

(2) Förderschulen mit den Förderschwerpunkten Lernen, Emotionale und soziale Entwicklung, Hören und Kommunikation, Sehen sowie Körperliche und motorische Entwicklung können auch Bildungsgänge der Sekundarstufe II umfassen oder als Schulen der Sekundarstufe II geführt werden.

(3) Förderschulen mit dem Förderschwerpunkt Geistige Entwicklung umfassen auch die Sekundarstufe II. Diese wird als Berufspraxisstufe geführt und schafft Grundlagen für eine spätere berufliche Tätigkeit der Schülerinnen und Schüler.

2. Abschnitt
Entscheidung über Bedarf an sonderpädagogischer Unterstützung, Förderschwerpunkte und Förderort

§ 10 Allgemeines

(1) Bestehen Anhaltspunkte dafür, dass eine Schülerin oder ein Schüler auf Grund einer Behinderung oder wegen einer Lern- und Entwicklungsstörung besondere Unterstützung benötigt, entscheidet die Schulaufsichtsbehörde über den Bedarf an sonderpädagogischer Unterstützung und die Förderschwerpunkte.

(2) Zuständig für das Verfahren ist die Schulaufsichtsbehörde, in deren Gebiet die Schülerin oder der Schüler die allgemeine Schule besucht oder besuchen müsste.

§ 11 Eröffnung des Verfahrens auf Antrag der Eltern

(1) Die Eltern stellen über die allgemeine Schule bei der gemäß § 10 Absatz 2 zuständigen Schulaufsichtsbehörde einen Antrag auf Eröffnung des Verfahrens zur Feststellung des Bedarfs an sonderpädagogischer Unterstützung.

(2) Bereits bei der Anmeldung ihres schulpflichtigen Kindes zur Schule können die Eltern den Antrag stellen
    1. bei der zuständigen Grundschule,
    2. in den Fällen von § 3 Nummer 2 bis 5 auch bei einer Förderschule.

§ 12 Eröffnung des Verfahrens auf Antrag der Schule

(1) In Ausnahmefällen kann eine allgemeine Schule einen Antrag auf Eröffnung des Verfahrens nach vorheriger Information der Eltern unter Angabe der wesentlichen Gründe stellen, insbesondere
1. wenn eine Schülerin oder ein Schüler nicht zielgleich unterrichtet werden kann oder
2. bei einem vermuteten Bedarf an sonderpädagogischer Unterstützung im Förderschwerpunkt Emotionale und soziale Entwicklung, der mit einer Selbst- oder Fremdgefährdung einhergeht.

(2) Ein Verfahren wird nur dann eröffnet, wenn die Schule dargelegt hat, dass sie alle ihre Fördermöglichkeiten ausgeschöpft hat.

(3) Bei einem vermuteten Bedarf an sonderpädagogischer Unterstützung im Förderschwerpunkt Lernen kann die Schule den Antrag in der Regel erst stellen, wenn eine Schülerin oder ein Schüler die Schuleingangsphase der Grundschule im dritten Jahr besucht; nach dem Ende der Klasse 6 ist ein Antrag nicht mehr möglich.

(4) In den übrigen Förderschwerpunkten ist nach Abschluss der Klasse 6 ein Verfahren nur noch in Ausnahmefällen durchzuführen.

§ 13 Ermittlung des Bedarfs an sonderpädagogischer Unterstützung

(1) Zur Ermittlung des Bedarfs an sonderpädagogischer Unterstützung beauftragt die Schulaufsichtsbehörde eine sonderpädagogische Lehrkraft und eine Lehrkraft der allgemeinen Schule, die Art und Umfang der notwendigen Förderung unter Berücksichtigung der individuellen Situation der Schülerin oder des Schülers feststellen und in einem gemeinsamen Gutachten darstellen. Hat eine schulärztliche Untersuchung nach Absatz 3 stattgefunden, ist deren Ergebnis einzubeziehen.

(2) Die beauftragten Lehrkräfte laden die Eltern während der Erstellung des Gutachtens zu einem Gespräch ein. Sie informieren die Eltern im Auftrag der Schulaufsichtsbehörde über den Ablauf des Verfahrens sowie über weitere Beratungsangebote.

(3) Soweit sie es für erforderlich hält, veranlasst die Schulaufsichtsbehörde vor Abschluss des Gutachtens eine schulärztliche Untersuchung durch die untere Gesundheitsbehörde. Die Untersuchung umfasst die Feststellung des körperlichen Entwicklungsstandes und die Beurteilung der allgemeinen gesundheitlich bedingten Leistungsfähigkeit einschließlich der Sinnesorgane sowie die Beeinträchtigungen und Behinderungen aus medizinischer Sicht.

(4) Das Gutachten ist mit allen Unterlagen der Schulaufsichtsbehörde zur Entscheidung vorzulegen. Die Schulaufsichtsbehörde kann, soweit es für die Entscheidung notwendig ist, Gutachten weiterer Fachkräfte oder Fachdienste einholen.

(5) Die Schulaufsichtsbehörde ermittelt, welche allgemeinen Schulen mit Angeboten Gemeinsamen Lernens und welche Förderschulen die Schülerin oder der Schüler

besuchen könnte. Sie bittet die Eltern um eine Erklärung darüber, ob sie für ihr Kind anstelle des Besuchs einer allgemeinen Schule den Besuch einer Förderschule wählen.

(6) Die Schulaufsichtsbehörde informiert die Eltern über die beabsichtigte Entscheidung und lädt die Eltern zu einem Gespräch ein. Die Eltern können zu dem Gespräch eine Person ihres Vertrauens hinzuziehen. Ziel des Gesprächs ist es, die Eltern über die Gründe zu informieren und Einvernehmen über die künftige Förderung der Schülerin oder des Schülers herbeizuführen. Dabei erläutert die Schulaufsichtsbehörde die Förderschwerpunkte, die für die Schülerin oder den Schüler festgelegt werden sollen, und den voraussichtlichen Bildungsgang (§ 2 Absatz 3).

(7) Die Schulaufsichtsbehörde gibt den Eltern Einsicht in das Gutachten sowie die Unterlagen, auf denen es beruht.

§ 14 Entscheidung über Bedarf an sonderpädagogischer Unterstützung und
Förderschwerpunkte

(1) Die Schulaufsichtsbehörde entscheidet über
1. den Bedarf an sonderpädagogischer Unterstützung,
2. den Förderschwerpunkt oder die Förderschwerpunkte,
3. die Notwendigkeit zieldifferenter Förderung.

(2) Bei Hörschädigungen (§ 7) legt die Schulaufsichtsbehörde fest, ob es sich um Schwerhörigkeit oder Gehörlosigkeit handelt. Bei Sehschädigungen (§ 8) legt sie fest, ob es sich um Sehbehinderung oder Blindheit handelt.

(3) Besteht Bedarf an sonderpädagogischer Unterstützung in mehreren Förderschwerpunkten, bestimmt die Schulaufsichtsbehörde den vorrangigen Förderschwerpunkt.

(4) Die Schulaufsichtsbehörde kann entscheiden, dass die sonderpädagogische Förderung probeweise bis zu sechs Monate dauert. Diese Frist kann nicht verlängert werden.

(5) Die Schulaufsichtsbehörde teilt ihre Entscheidungen den Eltern schriftlich mit und begründet sie.

(6) Die Schulaufsichtsbehörde übermittelt ihre Unterlagen und Daten der aufnehmenden Schule. Bei einem wegen einer sonderpädagogischen Förderung notwendigen Schulwechsel übermittelt sie das Gutachten gemäß § 13 Absatz 1, das Gutachten der unteren Gesundheitsbehörde (§ 13 Absatz 3) sowie Berichte anderer Stellen, soweit diese im Einzelfall für die weitere sonderpädagogische Förderung erforderlich sind.

§ 15 Intensivpädagogische Förderung bei Schwerstbehinderung

(1) Geht bei einem Schüler oder einer Schülerin der Bedarf an sonderpädagogischer Unterstützung in den Förderschwerpunkten Geistige Entwicklung, Körperliche und

motorische Entwicklung, Emotionale und soziale Entwicklung, Sehen oder Hören und Kommunikation erheblich über das übliche Maß hinaus, so entscheidet die Schulaufsichtsbehörde über eine intensivpädagogische Förderung.

(2) Feststellungen nach dem Neunten Buch Sozialgesetzbuch – Rehabilitation und Teilhabe behinderter Menschen – (Artikel 1 des Gesetzes vom 19. Juni 2001, BGBl. I S. 1046, 1047), das zuletzt durch Artikel 3 des Gesetzes vom 14. Dezember 2012 (BGBl. S. 2598) geändert worden ist, sind für die Entscheidung der Schulaufsichtsbehörde gemäß Absatz 1 nicht maßgeblich.

(3) Entscheidungen der unteren Schulaufsichtsbehörde nach Absatz 1 bedürfen der Zustimmung der oberen Schulaufsichtsbehörde.

§ 16 Wahl des Förderorts, Anmeldung an der Schule

(1) Die Schulaufsichtsbehörde schlägt den Eltern mit Zustimmung des Schulträgers mindestens eine allgemeine Schule vor, an der ein Angebot zum Gemeinsamen Lernen eingerichtet ist. Bei zielgleicher Förderung ist es eine Schule der von den Eltern gewählten Schulform. § 20 Absatz 4 des Schulgesetzes NRW vom 15. Februar 2005 (GV. NRW. S. 102), das zuletzt durch Artikel 3 des Gesetzes vom 17. Juni 2014 (GV. NRW. S. 336) geändert worden ist, bleibt unberührt.

(2) Haben die Eltern abweichend von der allgemeinen Schule die Förderschule gewählt, schlägt ihnen die Schulaufsichtsbehörde mindestens eine solche Schule mit dem für die Schülerin oder den Schüler festgestellten Förderschwerpunkt vor. In den Fällen von § 14 Absatz 3 ist es in der Regel eine Schule mit dem vorrangig festgestellten Förderschwerpunkt. Bei zielgleicher Förderung ist es eine Förderschule im Bereich der von den Eltern gewählten Schulform. § 20 Absatz 4 des Schulgesetzes NRW bleibt unberührt.

(3) Die Eltern melden ihr Kind an einer der Schulen an, die von der Schulaufsichtsbehörde gemäß Absatz 1 oder 2 benannt worden ist, soweit es diese nicht bereits besucht.

(4) Die Eltern können ihr Kind auch an einer anderen allgemeinen Schule mit Angeboten zum Gemeinsamen Lernen oder an einer anderen Förderschule anmelden, die jeweils dem Bedarf an sonderpädagogischer Unterstützung gerecht wird. Bei zielgleicher Förderung melden die Eltern ihr Kind an einer Schule der gewünschten Schulform an, bei Förderschulen an einer Schule aus dem Bereich der Schulform.

(5) Melden die Eltern im Fall des Absatzes 4 ihr Kind an einer allgemeinen Schule an, holt die Schule vor der Aufnahme die Zustimmung der Schulaufsichtsbehörde und diese die Zustimmung des Schulträgers ein.

(6) Melden die Eltern ihr Kind nicht an, veranlasst die Schulaufsichtsbehörde die Aufnahme in eine Schule und teilt ihnen dies schriftlich mit.

§ 17 Jährliche Überprüfung, Wechsel des Förderorts oder des Bildungsgangs

(1) Die Klassenkonferenz überprüft bei Bedarf, mindestens einmal jährlich, ob der festgestellte Bedarf an sonderpädagogischer Unterstützung und der festgelegte Förderschwerpunkt weiterhin bestehen.

(2) Ist nach Auffassung der Klassenkonferenz bei Fortbestand eines Bedarfs an sonderpädagogischer Unterstützung im bisherigen Förderschwerpunkt ein Wechsel des Förderorts oder des Bildungsgangs angebracht, lädt die Schulleiterin oder der Schulleiter die Eltern zu einem Gespräch ein und informiert die Schulaufsichtsbehörde so rechtzeitig, dass darüber vor Ablauf des Schuljahres gemäß § 16 Absatz 1 und 2 entschieden werden kann.

(3) Bei einem Wechsel des Förderorts gelten die §§ 14 und 16 entsprechend. Die Schulaufsicht kann auch entscheiden, dass der Wechsel bis zu sechs Monate probeweise dauert. Diese Frist kann nicht verlängert werden.

(4) Die Vorschriften der §§ 11 und 13 der Verordnung über die Ausbildung und die Abschlussprüfungen in der Sekundarstufe I (APO-S I) über den Wechsel der Schulform in der Sekundarstufe I gelten
   1. bei einem Wechsel des Förderorts nach den Absätzen 2 und 3,
   2. beim Wechsel des Bildungsgangs innerhalb der besuchten Schule.

(5) Wird eine Schülerin oder ein Schüler in der Primarstufe sonderpädagogisch gefördert, entscheidet die Schulaufsichtsbehörde, ob sonderpädagogische Förderung in der Sekundarstufe I weiterhin notwendig ist. In diesem Fall schlägt sie den Eltern gemäß § 16 mindestens eine allgemeine Schule vor. Ein neues Gutachten im Sinne von § 13 Absatz 1 ist nur dann einzuholen, wenn es erforderlich ist.

(6) Wird eine Schülerin oder ein Schüler in der Primarstufe sonderpädagogisch gefördert, ohne dass ein förmliches Verfahren nach den §§ 11 bis 15 durchgeführt worden ist, empfiehlt die Schule den Eltern, bei der Anmeldung zur weiterführenden Schule den individuellen Förderplan (§ 21 Absatz 7 Satz 3) vorzulegen.

§ 18 Beendigung der sonderpädagogischen Förderung, Wechsel des Förderschwerpunkts

(1) Ist nach Auffassung der Klassenkonferenz die nach § 14 bestimmte sonderpädagogische Förderung einer Schülerin oder eines Schülers nicht mehr erforderlich, teilt die Schule dies der zuständigen Schulaufsichtsbehörde nach einem Gespräch mit den Eltern mit.

(2) Stellt auch die Schulaufsichtsbehörde fest, dass ein Bedarf an sonderpädagogischer Unterstützung nicht mehr besteht, widerruft sie ihre nach § 14 erlassene Entscheidung. Sie berät die Eltern darüber, wo die Schülerin oder der Schüler die Schullaufbahn fortsetzen kann.

(3) Hält die Klassenkonferenz einen Wechsel des Förderschwerpunkts oder des vorrangigen Förderschwerpunkts für erforderlich, teilt die Schule dies den Eltern mit und begründet es. Sie unterrichtet die Schulaufsichtsbehörde. Diese entscheidet gemäß § 14.

(4) Die Entscheidungen nach den Absätzen 2 bis 4 können auch probeweise für sechs Monate getroffen werden.

§ 19 Verfahren in der Sekundarstufe II

(1) Wird eine Schülerin oder ein Schüler während der Vollzeitschulpflicht sonderpädagogisch gefördert und ist dies im Fall eines Schulwechsels nach dem Urteil der abgebenden Schule auch während der Schulpflicht in der Sekundarstufe II notwendig, ist folgendes Verfahren durchzuführen:
1. Die abgebende Schule leitet ihren begründeten Vorschlag mit Unterlagen der aufnehmenden Schule zu.
2. Die aufnehmende Schule leitet den Vorschlag mit einer eigenen Stellungnahme an die Schulaufsichtsbehörde zur Entscheidung weiter; Gutachten der Arbeitsverwaltung sind zu berücksichtigen.
3. Die Schulaufsichtsbehörde entscheidet gemäß § 14.

(2) Werden Anhaltspunkte für einen Bedarf an sonderpädagogischer Unterstützung ausnahmsweise erstmals zu Beginn oder während der Zeit der Schulpflicht in der Sekundarstufe II festgestellt, ist gemäß den §§ 13, 14 und 16 zu verfahren.

(3) Zuständig für das Verfahren ist die obere Schulaufsichtsbehörde, in deren Gebiet die Schülerin oder der Schüler schulpflichtig ist.

(4) Das Verfahren nach den Absätzen 1 und 2 kann auch gemäß § 11 eröffnet werden.

§ 20 Schülerinnen und Schüler aus Familien mit Migrationshintergrund

Fehlende Kenntnisse der deutschen Sprache auf Grund einer anderen Herkunftssprache begründen keinen Bedarf an sonderpädagogischer Unterstützung. Soweit es erforderlich ist, zieht die Schulaufsichtsbehörde eine Person hinzu, die die Herkunftssprache spricht.

3. Abschnitt
Gemeinsame Bestimmungen für die Bildungsgänge

§ 21 Allgemeine Bestimmungen

(1) Für sonderpädagogisch geförderte Schülerinnen und Schüler gelten die Ausbildungs- und Prüfungsordnungen einschließlich der Unterrichtsfächer und der Stundentafeln der allgemeinen Schulen, soweit diese Verordnung nichts anderes bestimmt.

(2) Unterrichtet eine Schule in unterschiedlichen Bildungsgängen, wird der Unterricht durch innere oder äußere Differenzierung gestaltet.

(3) Der Unterricht in Förderschulen kann in jahrgangsübergreifenden Klassen erteilt werden, sofern dies auf Grund der Vorschriften für die Klassenbildung erforderlich und pädagogisch geboten ist.

(4) Die Schule kann vorübergehend die Anteile von Fächern an der Wochenstundenzahl erhöhen oder verringern. Dabei stellt sie sicher, dass im Schuljahr insgesamt in jedem Fach so viel Unterricht erteilt wird, wie es die Stundentafel bestimmt.

(5) Für den Unterricht gelten grundsätzlich die Unterrichtsvorgaben (§ 29 des Schulgesetzes NRW) für die allgemeine Schule sowie die Richtlinien für die einzelnen Förderschwerpunkte, die sich auf zielgleiches und zieldifferentes Lernen beziehen. Bei der Organisation und Gestaltung des Unterrichts einschließlich der Unterrichts- und Pausenzeiten berücksichtigt die Schule die Lernmöglichkeiten und die Belastbarkeit der Schülerinnen und Schüler.

(6) Die Schülerinnen und Schüler mit nach § 14 festgestelltem Bedarf an sonderpädagogischer Unterstützung erhalten Zeugnisse mit der Bemerkung, dass sie sonderpädagogisch gefördert werden. Die Zeugnisse nennen außerdem den Förderschwerpunkt und den Bildungsgang. Auf Wunsch der Eltern gelten bei zielgleicher Förderung die Sätze 1 und 2 nicht für Abschlusszeugnisse.

(7) Die Lehrkräfte, die die Schülerin oder den Schüler unterrichten, erstellen nach Beratung mit allen anderen an der Förderung beteiligten Personen einen individuellen Förderplan. Sie überprüfen ihn regelmäßig und schreiben ihn fort. Die Sätze 1 und 2 gelten auch dann, wenn eine Schülerin oder ein Schüler sonderpädagogisch gefördert wird, ohne dass ein förmliches Verfahren nach den §§ 11 bis 15 durchgeführt worden ist.

(8) Die Klassenkonferenz kann aus zwingenden pädagogischen Gründen im Einzelfall von den §§ 23 bis 42 dieser Verordnung sowie von den Vorschriften der Ausbildungs- und Prüfungsordnungen der allgemeinen Schulen über Leistungsbewertungen, Zeugnisse und Versetzungen abweichen, wenn gewährleistet bleibt, dass die erwarteten Lernergebnisse (Bildungsstandards) eingehalten werden und die Schülerin oder der Schüler auf diesem Weg das Ziel des Bildungsgangs erreichen kann.

§ 22 Pädagogische Frühförderung hör- und sehgeschädigter Kinder

(1) Kinder mit einer Hör- oder Sehschädigung werden auf Antrag der Eltern in die pädagogische Frühförderung aufgenommen. Ziel der pädagogischen Frühförderung ist, in Zusammenarbeit mit anderen Diensten die Persönlichkeit des Kindes mit seiner verbleibenden Hör- oder Sehfähigkeit so zu entfalten, dass zu Beginn der Schulpflicht eine gemeinsame Grundlage für den Unterricht erreicht wird.

(2) Die pädagogische Frühförderung beginnt frühestens drei Monate nach der Geburt als Hausfrüherziehung. Mit Beginn des vierten Lebensjahres werden die Kinder in einem Förderschulkindergarten als Teil der Förderschule oder in einer Kindertageseinrichtung mit Unterstützung durch die Förderschule gefördert. Soweit die personellen und sächlichen Voraussetzungen erfüllt sind, kann auch ein Kind nach Vollendung des ersten Lebensjahres in einem Förderschulkindergarten oder einer Kindertageseinrichtung mit Unterstützung durch die Förderschule gefördert werden. Die Ansprüche aus § 24 des Achten Buches Sozialgesetzbuch – Kinder- und Jugendhilfe – in der Fassung der

Bekanntmachung vom 11. September 2012 (BGBl. I S. 2022), das zuletzt durch Artikel 1 des Gesetzes vom 29. August 2013 (BGBl. I S. 3464) geändert worden ist, bleiben unberührt.

(3) Die Organisation der pädagogischen Frühförderung liegt in der Verantwortung der jeweiligen Förderschule. Förderschulen mit pädaudiologischen Zentren oder Frühförderzentren für Hör- und Sehgeschädigte koordinieren die inhaltlichen und organisatorischen Aufgaben.

(4) Über die Aufnahme in die pädagogische Frühförderung entscheidet die Schulaufsichtsbehörde auf Antrag der Eltern, nachdem sie ein medizinisches Gutachten der unteren Gesundheitsbehörde eingeholt hat.

4. Abschnitt
Einzelne Förderschwerpunkte

§ 23 Förderschwerpunkt Hören und Kommunikation

(1) Der Unterricht im Förderschwerpunkt Hören und Kommunikation führt zu den Abschlüssen
 1. der allgemeinen Schulen,
 2. im zieldifferenten Bildungsgang Lernen und
 3. im zieldifferenten Bildungsgang Geistige Entwicklung.

(2) Die Lautsprache und die Gebärdensprache sind gleichberechtigte Kommunikationsformen in allen Fächern.

(3) Förderschulen und Schwerpunktschulen (§ 20 Absatz 6 des Schulgesetzes NRW) mit dem Förderschwerpunkt Hören und Kommunikation sollen bei einem entsprechenden Bedarf im Rahmen der Zahl der wöchentlichen Unterrichtsstunden die Deutsche Gebärdensprache (DGS) als eigenständiges weiteres Fach der Stundentafel anbieten, sofern die personellen und organisatorischen Voraussetzungen erfüllt sind.

(4) An die Stelle des Fachs „Musik" kann das Fach „Musik/Rhythmik" treten.

(5) Für die Schülerinnen und Schüler im zieldifferenten Bildungsgang Lernen gelten die Absätze 1 bis 4 sowie die §§ 31 bis 37.

(6) Für die Schülerinnen und Schüler im zieldifferenten Bildungsgang Geistige Entwicklung gelten die Absätze 1 bis 4 sowie die §§ 38 bis 41.

§ 24 Förderschwerpunkt Sehen

(1) Der Unterricht im Förderschwerpunkt Sehen führt zu den Abschlüssen
 1. der allgemeinen Schulen,
 2. im zieldifferenten Bildungsgang Lernen und
 3. im zieldifferenten Bildungsgang Geistige Entwicklung.

(2) Blindenpunktschrift ist gleichberechtigte Form der schriftlichen Kommunikation in allen Fächern.

(3) Für die Schülerinnen und Schüler im zieldifferenten Bildungsgang Lernen gelten die Absätze 1 und 2 sowie die §§ 31 bis 37.

(4) Für die Schülerinnen und Schüler im zieldifferenten Bildungsgang Geistige Entwicklung gelten die Absätze 1 und 2 sowie die §§ 38 bis 41.

§ 25 Förderschwerpunkt Körperliche und motorische Entwicklung

(1) Der Unterricht im Förderschwerpunkt Körperliche und motorische Entwicklung führt zu den Abschlüssen
    1. der allgemeinen Schulen,
    2. im zieldifferenten Bildungsgang Lernen und
    3. im zieldifferenten Bildungsgang Geistige Entwicklung.

(2) Für die Schülerinnen und Schüler im zieldifferenten Bildungsgang Lernen gelten Absatz 1 sowie die §§ 31 bis 37.

(3) Für die Schülerinnen und Schüler im zieldifferenten Bildungsgang Geistige Entwicklung gelten Absatz 1 sowie die §§ 38 bis 41.

§ 26 Unterrichtsorganisation der Förderschule, Förderschwerpunkt Körperliche
       und motorische Entwicklung

An der Förderschule mit dem Förderschwerpunkt Körperliche und motorische Entwicklung findet die Förderung in der Regel ganztägig statt. Der schulische Tagesablauf gliedert sich in Unterricht einschließlich spezieller sonderpädagogischer Förderung, gestaltete Freizeit, andere Angebote im Rahmen der Ganztagsschule und Ruhepausen.

§ 27 Förderschwerpunkt Sprache

(1) Der Unterricht im Förderschwerpunkt Sprache führt zu den Abschlüssen
    1. der allgemeinen Schulen und
    2. im zieldifferenten Bildungsgang Lernen.

(2) Für die Schülerinnen und Schüler im zieldifferenten Bildungsgang Lernen gelten Absatz 1 sowie die §§ 31 bis 37.

§ 28 Förderschwerpunkt Emotionale und soziale Entwicklung

(1) Der Unterricht im Förderschwerpunkt Emotionale und soziale Entwicklung führt zu den Abschlüssen
    1. der allgemeinen Schulen und
    2. im zieldifferenten Bildungsgang Lernen.

(2) Soweit es die emotionale und soziale Entwicklung und die besondere Lebenssituation von Schülerinnen und Schülern erfordert, kann die Schule im Rahmen des Förderplans (§ 20 Absatz 7) für begrenzte Zeit von der Stundentafel abweichen.

(3) Für die Schülerinnen und Schüler im zieldifferenten Bildungsgang Lernen gelten die Absätze 1 und 2 sowie die §§ 31 bis 37.

(4) Über die Aufnahme einer Schülerin oder eines Schülers in einen schulischen Lernort gemäß § 132 Absatz 3 des Schulgesetzes NRW entscheidet die Schulaufsichtsbehörde; § 14 gilt entsprechend. Die Aufnahme ist auf höchstens sechs Monate befristet. Über jede weitere, wiederum auf höchstens sechs Monate befristete Verlängerung entscheidet die Schulaufsichtsbehörde.

(5) Die Bildungs- und Erziehungsangebote zielen auf die baldige Rückkehr in die bisher besuchte Schule. Diese Schule und der schulische Lernort stimmen den individuellen Förderplan miteinander ab.

(6) Bei der Rückkehr in die bisher besuchte Schule erhält diese einen Bericht über den Leistungsstand der Schülerin oder des Schülers und eine Empfehlung für die weitere schulische Förderung.

§ 29 Förderschwerpunkt Lernen

(1) Der Unterricht im Förderschwerpunkt Lernen führt zum Abschluss des Bildungsgangs Lernen. In diesem Förderschwerpunkt ist der Erwerb eines dem Hauptschulabschluss gleichwertigen Abschlusses möglich.

(2) Für den Bildungsgang gelten die §§ 31 bis 37.

§ 30 Förderschwerpunkt Geistige Entwicklung

(1) Am Ende der Schulbesuchszeit erhält die Schülerin oder der Schüler ein Abschlusszeugnis, das die erworbenen Kenntnisse, Fähigkeiten und Fertigkeiten bescheinigt.

(2) Für den Bildungsgang gelten die §§ 38 bis 41.

5. Abschnitt
Zieldifferenter Bildungsgang Lernen

§ 31 Unterrichtsfächer, Stundentafeln

(1) Die Unterrichtsfächer und die Stundentafeln richten sich nach denen der Grundschule und der Hauptschule. § 28 Absatz 2 gilt entsprechend.

(2) Die Klassenkonferenz beschließt, ob sie für eine Schülerin oder einen Schüler die für das Fach Englisch in der Stundentafel vorgesehenen Stunden für dieses Fach oder für verstärkte Bildungsangebote in anderen Fächern der Stundentafel verwendet.

§ 32 Leistungsbewertung

(1) Die Leistungen der Schülerinnen und Schüler werden auf der Grundlage der im individuellen Förderplan festgelegten Lernziele beschrieben. Die Leistungsbewertung erstreckt sich auf die Ergebnisse des Lernens sowie die individuellen Anstrengungen und Lernfortschritte.

(2) Die Schulkonferenz kann beschließen, dass ab Klasse 4 oder ab einer höheren Klasse die Bewertung einzelner Leistungen von Schülerinnen und Schülern zusätzlich mit Noten möglich ist. Dies setzt voraus, dass die Leistung den Anforderungen der jeweils vorhergehenden Jahrgangsstufe der Grundschule oder der Hauptschule entspricht. Dieser Maßstab ist kenntlich zu machen.

(3) Abweichend von Absatz 2 werden die Leistungen der Schülerinnen und Schüler im Bildungsgang gemäß § 35 Absatz 3 in allen Fächern zusätzlich mit Noten bewertet.

§ 33 Zeugnisse

(1) In den Klassen 1 und 2 erhalten die Schülerinnen und Schüler Zeugnisse jeweils zum Ende des Schuljahres, in den Klassen 3 bis 10 zum Schulhalbjahr und zum Ende des Schuljahres.

(2) Alle Zeugnisse beschreiben die Lernentwicklung und den Leistungsstand in den Fächern und enthalten die nach § 49 Absatz 2 und 3 des Schulgesetzes NRW erforderlichen Angaben.

(3) Die Schulkonferenz kann beschließen, dass in Zeugnissen ab Klasse 4 oder ab einer höheren Klasse eine Bewertung des Leistungsstands in den Fächern zusätzlich mit Noten möglich ist. In diesem Fall erhalten Schülerinnen und Schüler Noten in einzelnen Fächern; § 32 Absatz 2 Satz 2 gilt entsprechend.

(4) Abweichend von Absatz 3 enthalten die Zeugnisse der Schülerinnen und Schüler im Bildungsgang gemäß § 35 Absatz 3 in allen Fächern zusätzlich Noten.

§ 34 Übergang in eine andere Klasse

Eine Versetzung findet nicht statt. Am Ende jedes Schuljahres entscheidet die Klassenkonferenz, in welcher Klasse die Schülerin oder der Schüler im nächsten Schuljahr gefördert werden wird.

§ 35 Abschlüsse, Nachprüfung

(1) Schülerinnen und Schüler, die ihre Vollzeitschulpflicht erfüllt haben und die Schule vor der Klasse 10 verlassen, erhalten ein Zeugnis, das die erworbenen Kenntnisse, Fähigkeiten und Fertigkeiten bescheinigt.

(2) Die Klasse 10 führt zum Abschluss des Bildungsgangs Lernen.

(3) In einem besonderen Bildungsgang führt die Klasse 10 zu einem dem Haupt-schulabschluss (nach Klasse 9) gleichwertigen Abschluss. Er wird vergeben, wenn die Leistungen

    a. in allen Fächern mindestens ausreichend sind oder
    b. in nicht mehr als einem der Fächer Deutsch oder Mathematik mangelhaft sind oder
    c. in einem der Fächer Deutsch oder Mathematik mangelhaft und in einem der übrigen Fächer nicht ausreichend sind oder
    d. in nicht mehr als zwei der übrigen Fächer nicht ausreichend, darunter in einem Fach mangelhaft sind.

(4) Den Abschluss nach Absatz 3 kann nur erwerben, wer in den Klassen 9 und 10 am Unterricht im Fach Englisch teilgenommen hat.

(5) Hat die Schülerin oder der Schüler den Abschluss nach Absatz 3 nicht erreicht, ist eine Nachprüfung möglich, wenn durch die Verbesserung der Note von „mangelhaft" auf „ausreichend" in einem einzigen Fach die Voraussetzungen für den Erwerb dieses Abschlusses erfüllt würden.

(6) Für das Verfahren bei der Nachprüfung gilt § 44 Absatz 4 bis 6 der Verordnung über die Ausbildung und die Abschlussprüfungen in der Sekundarstufe I (APO-S I).[1]

(7) Eine Schülerin oder ein Schüler kann den zehnjährigen Bildungsgang im Förder-schwerpunkt Lernen um bis zu zwei Jahre überschreiten, wenn dies zum Erwerb des Abschlusses nach Absatz 3 führen kann.

§ 36 Aufnahme in die Klasse 10

(1) Die Klassenkonferenz entscheidet, in welchen Bildungsgang der Klasse 10 die Schülerin oder der Schüler aufgenommen wird.

(2) Die Klassenkonferenz lässt Schülerinnen und Schüler zum Bildungsgang zu, der zu einem dem Hauptschulabschluss gleichwertigen Abschluss führt, wenn erwartet werden kann, dass sie diesen Abschluss aufgrund ihrer Leistungsfähigkeit und ihrer Gesamtentwicklung erreichen werden und die Voraussetzungen des § 35 Absatz 4 erfüllt sind.

§ 37 Unterrichtsorganisation in der Klasse 10

Kann aufgrund der Schülerzahl nur eine Klasse für alle Schülerinnen und Schüler der Klasse 10 gebildet werden, gestalten die Lehrkräfte den Unterricht durch Differenzie-rung nach den angestrebten Abschlüssen.

---

1 Siehe 4.3.1/61.

6. Abschnitt
Zieldifferenter Bildungsgang Geistige Entwicklung

§ 38 Unterricht

Der Unterricht fördert Kompetenzen in den Entwicklungsbereichen Motorik, Wahrnehmung, Kognition, Sozialisation und Kommunikation. Er erstreckt sich auf die Aufgabenfelder Sprache und Kommunikation, Mathematik, gesellschaftswissenschaftlichen und naturwissenschaftlichen Unterricht, Arbeitslehre, Bewegungserziehung/ Sport, musisch-ästhetische Erziehung und Religiöse Erziehung/Ethik. Die Gewichtung der unterrichtlichen Angebote richtet sich nach den Bildungsmöglichkeiten der Schülerinnen und Schüler.

§ 39 Unterrichtsorganisation der Förderschule, Förderschwerpunkt Geistige Entwicklung

(1) Die Förderung an der Förderschule mit dem Förderschwerpunkt Geistige Entwicklung findet in der Regel ganztägig statt. Der schulische Tagesablauf gliedert sich in Unterricht einschließlich spezieller sonderpädagogischer Förderung, gestaltete Freizeit, andere Angebote im Rahmen der Ganztagsschule und Ruhepausen. Die Zahl der Unterrichtsstunden pro Woche ist 28.

(2) Der Unterricht wird vorwiegend fächerübergreifend und projektorientiert organisiert. Darüber hinaus können nach Bedarf fachbezogene Neigungs- und Leistungskurse eingerichtet werden.

(3) Die Berufsschulpflicht erfüllen die Schülerinnen und Schüler mit dem Förderschwerpunkt Geistige Entwicklung in der Berufspraxisstufe. Die Lern- und Arbeitsformen in der Berufspraxisstufe orientieren sich an dem Ziel, die Schülerinnen und Schüler auf den Übergang in die Arbeitswelt vorzubereiten. Die Berechtigung zum Besuch einer Förderschule mit dem Förderschwerpunkt Geistige Entwicklung über die Schulpflicht hinaus richtet sich nach § 19 Absatz 9 des Schulgesetzes NRW.

§ 40 Leistungsbewertung

Die Leistungen der Schülerinnen und Schüler werden ohne Notenstufen auf der Grundlage der im Förderplan festgelegten Ziele beschrieben. Die Leistungsbewertung erstreckt sich auf die Ergebnisse des Lernens sowie die individuellen Anstrengungen und Lernfortschritte.

§ 41 Versetzung, Zeugnisse

(1) Eine Versetzung findet nicht statt. Am Ende jedes Schuljahres entscheidet die Klassenkonferenz, in welcher Klasse die Schülerin oder der Schüler im nächsten Schuljahr gefördert werden wird.

(2) Die Schülerin oder der Schüler erhält am Ende jedes Schuljahres ein Zeugnis.

(3) Die Schülerin oder der Schüler erhält am Ende der Schulbesuchszeit ein Abschlusszeugnis, das die erworbenen Kenntnisse, Fähigkeiten und Fertigkeiten bescheinigt.

7. Abschnitt
Schülerinnen und Schüler mit Autismus-Spektrum-Störungen

§ 42 Schülerinnen und Schüler mit Autismus-Spektrum-Störungen

(1) Autismus-Spektrum-Störungen als tief greifende Entwicklungsstörungen liegen vor, wenn die Beziehungs- und Kommunikationsfähigkeit schwer beeinträchtigt und das Repertoire von Verhaltensmustern, Aktivitäten und Interessen deutlich eingeschränkt und verändert ist.

(2) Ein Antrag auf Feststellung des Bedarfs an sonderpädagogischer Unterstützung setzt voraus, dass eine Autismus-Spektrum-Störung vorher in einem Gutachten der unteren Gesundheitsbehörde (§ 13 Absatz 3) medizinisch festgestellt worden ist.

(3) Wird ein Bedarf an sonderpädagogischer Unterstützung festgestellt, ordnet die Schulaufsichtsbehörde die Schülerin oder den Schüler mit Autismus-Spektrum-Störung einem Förderschwerpunkt (§ 2 Absatz 2) zu. Der Unterricht führt zu den Abschlüssen
1. der allgemeinen Schulen,
2. im zieldifferenten Bildungsgang Lernen und
3. im zieldifferenten Bildungsgang Geistige Entwicklung.

(4) Das Ministerium erlässt ergänzende Unterrichtsvorgaben für die Förderung von Schülerinnen und Schülern mit Autismus-Spektrum-Störung.

Zweiter Teil
Hausunterricht

§ 43 Einrichtung von Hausunterricht

(1) Die Schulaufsichtsbehörde richtet Hausunterricht ein für
1. Schülerinnen und Schüler, die wegen Krankheit voraussichtlich länger als sechs Wochen die Schule nicht besuchen können,
2. Schülerinnen und Schüler, die wegen einer lange andauernden Erkrankung langfristig und regelmäßig an mindestens einem Tag in der Woche nicht am Unterricht teilnehmen können,
3. Schülerinnen in den Schutzfristen vor und nach der Geburt eines Kindes entsprechend dem Mutterschutzgesetz und während der Schwangerschaft, soweit sie nach ärztlicher Bescheinigung die Schule nicht besuchen können.

(2) Die Eltern richten einen Antrag auf Hausunterricht an die bisher besuchte Schule. Sie fügen das ärztliche Gutachten gemäß § 44 bei. Die Schule legt den Antrag dem Schulamt vor; sie kann auch einen eigenen Antrag stellen. Das Schulamt entscheidet

über den Antrag und bestimmt die für den Hausunterricht zuständige Schule (Stamm-schule), in der Regel die bisher besuchte Schule.

§ 44 Ärztliches Gutachten

Die Eltern weisen durch ein ärztliches Gutachten nach, dass die Voraussetzungen des § 43 erfüllt sind. Das Schulamt kann bei der unteren Gesundheitsbehörde ein amts-ärztliches Gutachten anfordern.

§ 45 Unterricht und Unterrichtsorganisation

(1) Der Hausunterricht erstreckt sich in der Regel auf die Fächer, die in der Schule mit mindestens drei Wochenstunden unterrichtet werden oder Fach einer Prüfung sind.

(2) Die wöchentliche Unterrichtszeit beträgt

1. in den Fällen des §43 Absatz 1 Nummer 1 und 3 in den

Klassen 1 bis 4 (einschließlich Eingangsklassen an Förderschulen)	bis zu 5 Stunden
Klassen 5 bis 8	bis zu 6 Stunden
Klassen 9 und 10	bis zu 8 Stunden
Klassen/Jahrgangsstufen der Sekundarstufe II	bis zu 10 Stunden.

2. im Fall des §43 Absatz 1 Nummer 2 in den

Klassen 1 bis 8 (einschließlich Eingangsklassen an Förderschulen)	bis zu 2 Stunden
Klassen 9 und 10	bis zu 3 Stunden
Klassen/Jahrgangsstufen der Sekundarstufe II	bis zu 4 Stunden.

(3) Der Unterricht richtet sich nach den Vorgaben für den Unterricht der Stammschule.

(4) Schülerinnen und Schüler, die voraussichtlich dauernd gehindert sind, am Unterricht einer Schule teilzunehmen, werden durch Hausunterricht so weit geför-dert, dass sie den ihrer Leistungsfähigkeit entsprechenden Bildungsabschluss errei-chen können.

§ 46 Information über den Leistungsstand, Fortsetzung der Schullaufbahn

(1) Die Lehrkräfte, die den Hausunterricht erteilen, berichten der Stammschule am Ende des Schuljahres über den Leistungsstand der Schülerin oder des Schülers. Sie schlagen der Stammschule vor, nach welchen Anforderungen die Schülerin oder der Schüler im nächsten Schuljahr unterrichtet werden soll. Darüber entscheidet die Klas-senkonferenz der Stammschule.

(2) Wird der Hausunterricht beendet und kehrt die Schülerin oder der Schüler in die Schule zurück, äußern sich die Lehrkräfte gegenüber dieser Schule zum Leistungsstand der Schülerin oder des Schülers. Die Schule nimmt sie oder ihn in der Regel proberweise bis zum nächsten Zeugnistermin in die Klasse oder Jahrgangsstufe auf, nach deren Anforderungen sie oder er im Hausunterricht zuletzt unterrichtet worden ist. Nach der Probezeit entscheidet die Versetzungskonferenz, ob die Schülerin oder der Schüler erfolgreich in der Klasse mitarbeiten kann.

(3) Wer aus dem Hausunterricht nicht in die Schule zurückkehrt, erhält ein Abschluss- oder Abgangszeugnis der Stammschule.

Dritter Teil
Schule für Kranke

§ 47 Aufnahme in die Schule für Kranke, Unterricht

(1) In die Schule für Kranke werden Schülerinnen und Schüler aufgenommen, die wegen einer stationären Behandlung im Krankenhaus oder in einer vergleichbaren medizinisch-therapeutischen Einrichtung mindestens vier Wochen nicht am Unterricht ihrer Schule teilnehmen können.

(2) Die Schule für Kranke bildet Lerngruppen, soweit nicht Einzelunterricht aus medizinischen, pädagogischen oder organisatorischen Gründen erforderlich ist.

(3) Über den Bedarf an sonderpädagogischer Unterstützung gemäß den §§ 4 bis 8 entscheidet für die Dauer des Besuchs der Schule für Kranke die Schulleiterin oder der Schulleiter; ein Verfahren gemäß den §§ 10 bis 20 findet nicht statt. Über eine intensivpädagogische Förderung bei Schwerstbehinderung gemäß § 15 entscheidet die Schulaufsicht.

(4) Für den Unterricht von Schülerinnen und Schülern mit einem gemäß § 14 festgestellten Bedarf an sonderpädagogischer Unterstützung gelten die §§ 21 bis 42 dieser Verordnung, für die übrigen Schülerinnen und Schüler die Ausbildungsordnungen der allgemeinen Schulen. Das Ministerium erlässt ergänzende Richtlinien für die Schule für Kranke.

Vierter Teil
Schlussbestimmungen

§ 48 Inkrafttreten[2]

(1) Diese Verordnung tritt am 1. August 2005 in Kraft.

(2)–(8) *(aufgehoben)*

---

2 Die Inkrafttretensregelung bezieht sich auf die Verordnung in der ursprünglichen Fassung. Die vorliegende Fassung ist mit Wirkung vom 11. Oktober 2014 (GV. NRW. S. 608) in Kraft. Artikel 2 Absatz 2 und 3 der Änderungsverordnung vom 29. September 2014 bestimmt Folgendes:
(2) Die Regelungen in § 16 Absatz 1 finden erstmals Anwendung
1. zum Schuljahr 2014/2015 für Schülerinnen und Schüler, bei denen erstmals ein Bedarf an sonderpädagogischer Unterstützung festgestellt wurde oder die in der Primarstufe sonderpädagogisch gefördert werden und in die Klasse 5 einer weiterführenden Schule oder die Eingangsklasse einer gymnasialen Oberstufe wechseln wollen; zum Schuljahr 2015/2016 und zu den darauf folgenden Schuljahren gelten diese Bestimmungen auch für Schülerinnen und Schüler der jeweils nächsthöheren Klasse,
2. zum Schuljahr 2016/2017 für Schülerinnen und Schüler der Eingangsklasse eines Berufskollegs; zum Schuljahr 2017/2018 und den darauf folgenden Schuljahren gilt dies auch für die Schülerinnen und Schüler der jeweils nächsthöheren Klasse.
(3) Eingangsklassen an den Förderschulen mit den Förderschwerpunkten Sprache, Hören und Kommunikation, Sehen sowie Körperliche und motorische Entwicklung können ab dem Schuljahr 2015/2016 nicht mehr gebildet werden; an ihre Stelle tritt die Schuleingangsphase.

e) Verordnung über den Bildungsgang in der Grundschule
   (Ausbildungsordnung Grundschule – AO-GS) vom 23. März 2005,
   zuletzt geändert durch Verordnung vom 26. März 2014 (SGV. NRW.
   223) – BASS 13-11 Nr. 1.1

– Auszug –

> In der AO-GS finden sich die Regelungen für das Aufnahmeverfahren in die
> Grundschule. Sie gelten auch für Kinder mit einem Bedarf an sonderpädagogischer
> Unterstützung. Ergänzende Regelungen finden sich in den hierzu erlassenen Ver-
> waltungsvorschriften (hier nicht abgedruckt).

§ 1 AO-GS – Aufnahme in die Grundschule

(1) Kinder, deren Schulpflicht am 1. August eines Jahres beginnt, werden von ihren
Eltern bis spätestens zum 15. November des Vorjahres bei der gewünschten Grundschule angemeldet.

(2) Jedes Kind hat einen Anspruch auf Aufnahme in die seiner Wohnung nächstgelegene Grundschule der gewünschten Schulart in seiner Gemeinde im Rahmen
der vom Schulträger festgelegten Aufnahmekapazität, soweit der Schulträger keinen
Schuleinzugsbereich für diese Schulart gebildet hat (§ 46 Absatz 3 SchulG). Kinder
mit festgestelltem Bedarf an sonderpädagogischer Unterstützung haben Anspruch auf
Aufnahme in die von der Schulaufsicht vorgeschlagene, ihrer Wohnung nächstgelegene Grundschule der gewünschten Schulart in ihrer Gemeinde, an der Gemeinsames Lernen eingerichtet ist. Soweit Schuleinzugsbereiche gebildet wurden, werden
bei einem Anmeldeüberhang zunächst die Kinder berücksichtigt, die im Schuleinzugsbereich für diese Schulart wohnen oder bei denen ein wichtiger Grund nach § 84
Absatz 1 SchulG vorliegt. Im Falle eines nach Anwendung von Satz 1 oder 3 verbleibenden Anmeldeüberhanges sind die Kriterien des Absatzes 3 für die Aufnahmeentscheidung heranzuziehen.

(3) Im Rahmen freier Kapazitäten nimmt die Schule auch andere Kinder auf. Bei
einem Anmeldeüberhang führt die Schule ein Aufnahmeverfahren unter diesen Kindern durch. Dabei werden Kinder mit Wohnsitz in der Gemeinde vorrangig berücksichtigt. Die Schulleiterin oder der Schulleiter berücksichtigt Härtefälle und zieht im
Übrigen eines oder mehrere der folgenden Kriterien für die Aufnahmeentscheidung
gemäß § 46 Abs. 2 SchulG heran:
   1. Geschwisterkinder,
   2. Schulwege,
   3. Besuch eines Kindergartens in der Nähe der Schule,
   4. ausgewogenes Verhältnis von Mädchen und Jungen,
   5. ausgewogenes Verhältnis von Schülerinnen und Schülern unterschiedlicher
      Muttersprache.

(4) Die schulärztliche Untersuchung zur Einschulung erstreckt sich auf den körperlichen Entwicklungsstand und die allgemeine, gesundheitlich bedingte Leistungsfähigkeit einschließlich der Sinnesorgane des Kindes.

(5) Die Schulleiterin oder der Schulleiter informiert und berät die Eltern
1. vor der vorzeitigen Aufnahme eines Kindes in die Grundschule,
2. vor der Verpflichtung eines Kindes zum Besuch eines vorschulischen Sprachförderkurses.

f) Verordnung über die Ausbildung und die Abschlussprüfungen in der Sekundarstufe I (Ausbildungs- und Prüfungsordnung Sekundarstufe I – APO-S I) vom 2. November 2012, zuletzt geändert durch Verordnung vom 13. Mai 2015 (SGV. NRW. 233) – BASS 13-21 Nr. 1.1

– Auszug –

In der APO-SI finden sich die Regelungen für das Aufnahmeverfahren in die weiterführenden Schulen. Sie sind auch auf Schülerinnen und Schüler mit einem Bedarf an sonderpädagogischer Unterstützung anzuwenden. Ferner finden sich dort die Regelungen über die Gewährung eines Nachteilsausgleichs bei einer Behinderung oder einem Bedarf an sonderpädagogischer Unterstützung (zielgleiche Förderung).

§ 1 APO-S I – Aufnahme

(1) Die Aufnahme in die Klasse 5 einer Schule der Sekundarstufe I setzt grundsätzlich ein Versetzungszeugnis der bisher besuchten Grundschule oder einer Förderschule voraus, die nach den Unterrichtsvorgaben für die Grundschule unterrichtet.

(2) Übersteigt die Zahl der Anmeldungen die Aufnahmekapazität der Schule, berücksichtigt die Schulleiterin oder der Schulleiter bei der Entscheidung über die Aufnahme in die Schule Härtefälle und zieht im Übrigen eines oder mehrere der folgenden Kriterien heran:

1. Geschwisterkinder,
2. ausgewogenes Verhältnis von Mädchen und Jungen,
3. ausgewogenes Verhältnis von Schülerinnen und Schülern unterschiedlicher Muttersprache,
4. in Gesamtschulen und in Sekundarschulen Berücksichtigung von Schülerinnen und Schülern unterschiedlicher Leistungsfähigkeit (Leistungsheterogenität),
5. Schulwege,
6. Besuch einer Schule in der Nähe der zuletzt besuchten Grundschule,
7. Losverfahren.

Die Nummern 5 und 6 dürfen nicht herangezogen werden, wenn Schülerinnen und Schüler angemeldet worden sind, die in ihrer Gemeinde eine Schule der gewünschten Schulform nicht besuchen können (§ 46 Absatz 5 Schulgesetz NRW).

(3) Übersteigt die Zahl der Anmeldungen die Aufnahmekapazität der Schule und hat der Schulträger einen Schuleinzugsbereich nach § 84 Absatz 1 Schulgesetz NRW gebildet, werden im Aufnahmeverfahren zunächst die Kinder berücksichtigt, die im Schuleinzugsbereich wohnen oder bei denen ein wichtiger Grund nach § 84 Absatz 1 Schulgesetz NRW besteht. § 46 Absatz 4 und 5 Schulgesetz NRW bleibt unberührt. Besteht danach auch weiterhin ein Anmeldeüberhang, gilt Absatz 2.

(4) Ist an der Schule ein Angebot zum Gemeinsamen Lernen eingerichtet und ist eine Aufnahmekapazität für Schülerinnen und Schüler mit festgestelltem Bedarf an sonderpädagogischer Unterstützung bestimmt, führt die Schulleiterin oder der Schulleiter

ein eigenständiges Aufnahmeverfahren für diese Plätze durch. Übersteigt die Zahl der Anmeldungen die Kapazität der Schule zur Aufnahme von Schülerinnen und Schülern mit festgestelltem Bedarf an sonderpädagogischer Unterstützung, entscheidet die Schulleiterin oder der Schulleiter über die Aufnahme gemäß Absätzen 2 und 3. Hierbei haben die Kinder Vorrang für die diese Schule gemäß § 19 Absatz 5 Satz 3 Schulgesetz NRW durch die Schulaufsichtsbehörde als ihrer Wohnung nächstgelegene allgemeine Schule der gewünschten Schulform vorgeschlagen worden ist.

§ 6 APO-S I – Leistungsbewertung, Klassenarbeiten, Nachteilsausgleich

(1) Die Leistungsbewertung richtet sich nach § 48 Schulgesetz NRW.

(2) Zum Beurteilungsbereich „Sonstige Leistungen" gehören alle im Zusammenhang mit dem Unterricht erbrachten mündlichen und praktischen Leistungen sowie gelegentliche kurze schriftliche Übungen in allen Fächern. Die Leistungen bei der Mitarbeit im Unterricht sind bei der Beurteilung ebenso zu berücksichtigen wie die übrigen Leistungen.

(3) Die Beurteilungsbereiche „Schriftliche Arbeiten" und „Sonstige Leistungen im Unterricht" sowie die Ergebnisse zentraler Lernstandserhebungen werden bei der Leistungsbewertung angemessen berücksichtigt.

(4) Schülerinnen und Schüler erhalten eine Lernbereichsnote, wenn nach Maßgabe dieser Verordnung ein Lernbereich integriert unterrichtet wird.

(5) Nicht erbrachte Leistungsnachweise gemäß § 48 Absatz 4 Schulgesetz NRW sind nach Entscheidung der Fachlehrerin oder des Fachlehrers nachzuholen oder durch eine Prüfung zu ersetzen, falls dies zur Feststellung des Leistungsstandes erforderlich ist.

(6) Die Förderung in der deutschen Sprache ist Aufgabe des Unterrichts in allen Fächern. Häufige Verstöße gegen die sprachliche Richtigkeit in der deutschen Sprache müssen bei der Festlegung der Note angemessen berücksichtigt werden. Dabei sind insbesondere das Alter, der Ausbildungsstand und die Muttersprache der Schülerinnen und Schüler zu beachten.

(7) Bei einem Täuschungsversuch
1. kann der Schülerin oder dem Schüler aufgegeben werden, den Leistungsnachweis zu wiederholen,
2. können einzelne Leistungen, auf die sich der Täuschungsversuch bezieht, für ungenügend erklärt werden oder
3. kann, sofern der Täuschungsversuch umfangreich war, die gesamte Leistung für ungenügend erklärt werden.

(8) Einmal im Schuljahr kann pro Fach eine Klassenarbeit durch eine andere, in der Regel schriftliche, in Ausnahmefällen auch gleichwertige nicht schriftliche Leistungsüberprüfung ersetzt werden. In den modernen Fremdsprachen können Klassenarbeiten mündliche Anteile enthalten. Einmal im Schuljahr kann eine

schriftliche Klassenarbeit durch eine gleichwertige Form der mündlichen Leistungsüberprüfung ersetzt werden. Im Fach Englisch wird im letzten Schuljahr eine schriftliche Klassenarbeit durch eine gleichwertige Form der mündlichen Leistungsüberprüfung ersetzt.

(9) Soweit es die Behinderung oder der sonderpädagogische Förderbedarf einer Schülerin oder eines Schülers erfordert, kann die Schulleiterin oder der Schulleiter Vorbereitungszeiten und Prüfungszeiten angemessen verlängern und sonstige Ausnahmen vom Prüfungsverfahren zulassen. Entsprechendes gilt bei einer besonders schweren Beeinträchtigung des Lesens und Rechtschreibens. Die fachlichen Leistungsanforderungen bei Abschlüssen und Berechtigungen bleiben unberührt.

g) Verordnung über den Bildungsgang und die Abiturprüfung in der gymnasialen Oberstufe (APO-GOSt) vom 5. Oktober 1998, zuletzt geändert durch Verordnung vom 2. November 2012 (SGV. NRW. 223) – BASS 13-32 Nr. 3.1

– Auszug –

In der APO-GOSt finden sich die Regelungen über die Gewährung eines Nachteilsausgleichs bei einer Behinderung oder einem Bedarf an sonderpädagogischer Unterstützung in der gymnasialen Oberstufe (zielgleiche Förderung).

§ 13 APO-GOSt – Grundsätze der Leistungsbewertung, Nachteilsausgleich

(1) Im Kurssystem der gymnasialen Oberstufe ergibt sich die jeweilige Kursabschlussnote in einem Kurs mit schriftlichen Arbeiten (Klausuren) aus den Leistungen im Beurteilungsbereich „Klausuren" (§ 14) und den Leistungen im Beurteilungsbereich „Sonstige Mitarbeit" (§ 15). Die Kursabschlussnote wird gleichwertig aus den Endnoten beider Beurteilungsbereiche gebildet. Eine rein rechnerische Bildung der Kursabschlussnote ist unzulässig, vielmehr ist die Gesamtentwicklung der Schülerin oder des Schülers im Kurshalbjahr zu berücksichtigen. Bei Kursen ohne Klausuren ist die Endnote im Beurteilungsbereich „Sonstige Mitarbeit" die Kursabschlussnote.

(2) Die Bewertung der Leistungen richtet sich nach deren Umfang und der richtigen Anwendung der Kenntnisse, Fähigkeiten und Fertigkeiten sowie der Art der Darstellung. Bei der Bewertung schriftlicher Arbeiten sind Verstöße gegen die sprachliche Richtigkeit in der deutschen Sprache und gegen die äußere Form angemessen zu berücksichtigen. Gehäufte Verstöße führen zur Absenkung der Leistungsbewertung um eine Notenstufe in der Einführungsphase und um bis zu zwei Notenpunkte gemäß § 16 Abs. 2 in der Qualifikationsphase. Im Übrigen gelten die in den Lehrplänen festgelegten Grundsätze.

(3) Die Lehrerin oder der Lehrer ist verpflichtet, die Schülerinnen und Schüler zu Beginn des Kurses über die Zahl und Art der geforderten Klausuren und Leistungsnachweise im Beurteilungsbereich „Sonstige Mitarbeit" zu informieren. Etwa in der Mitte des Kurshalbjahres unterrichtet die Lehrkraft die Schülerinnen und Schüler über den bis dahin erreichten Leistungsstand. Die Kursabschlussnote in Kursen des letzten Halbjahres der Qualifikationsphase wird vor der ersten Sitzung des Zentralen Abiturausschusses bekannt gegeben.

(4) Die Schülerinnen und Schüler sind verpflichtet, die geforderten Leistungsnachweise zu erbringen. Verweigert eine Schülerin oder ein Schüler einzelne Leistungen oder sind Leistungen in einem Fach aus von ihr oder von ihm zu vertretenden Gründen nicht beurteilbar, wird die einzelne Leistung oder die Gesamtleistung wie eine ungenügende Leistung bewertet (§ 48 Abs. 5 SchulG).

(5) Schülerinnen und Schülern, die aus von ihnen nicht zu vertretenden Gründen die erforderlichen Leistungsnachweise nicht erbracht haben, ist Gelegenheit zu geben, die vorgesehenen Leistungsnachweise nachträglich zu erbringen. Im Einvernehmen mit der Schulleiterin oder dem Schulleiter kann die Fachlehrkraft den Leistungsstand auch durch eine Prüfung feststellen (§ 48 Abs. 4 SchulG).

(6) Bei einem Täuschungsversuch

    a) kann der Schülerin oder dem Schüler aufgegeben werden, den Leistungsnachweis zu wiederholen, wenn der Umfang der Täuschung nicht feststellbar ist,

    b) können einzelne Leistungen, auf die sich der Täuschungsversuch bezieht, für ungenügend erklärt werden,

    c) kann die gesamte Leistung für ungenügend erklärt werden, wenn es sich um einen umfangreichen Täuschungsversuch handelt.

Wird eine Täuschungshandlung erst nach Abschluss der Leistung festgestellt, ist entsprechend zu verfahren.

(7) Soweit es die Behinderung oder der sonderpädagogische Förderbedarf einer Schülerin oder eines Schülers erfordert, kann die Schulleiterin oder der Schulleiter Vorbereitungszeiten und Prüfungszeiten angemessen verlängern und sonstige Ausnahmen vom Prüfungsverfahren zulassen; in Prüfungen mit landeseinheitlich gestellten Aufgaben entscheidet an Stelle der Schulleiterin oder des Schulleiters die obere Schulaufsichtsbehörde. Entsprechendes gilt bei einer besonders schweren Beeinträchtigung des Lesens und Rechtschreibens. Die fachlichen Leistungsanforderungen bei Abschlüssen und Berechtigungen bleiben unberührt.

h) Verordnung über die Ausbildung und Prüfung in den Bildungsgängen
des Berufskollegs (Ausbildungs- und Prüfungsordnung Berufskolleg –
APO-BK) vom 26. Mai 1999, zuletzt geändert durch Verordnung vom 9.
Dezember 2014 (SGV. NRW. 223) – BASS 13-33 Nr. 1.1

– Auszug –

In der APO-BK finden sich die Regelungen über die Gewährung eines Nachteilsausgleichs bei einer Behinderung oder einem Bedarf an sonderpädagogischer
Unterstützung in allen Bildungsgängen des Berufskollegs (zielgleiche Förderung).

§ 15 APO-BK – Ergänzende Bestimmungen für behinderte Schülerinnen und Schüler

Soweit es die Behinderung oder der sonderpädagogische Förderbedarf einer Schülerin
oder eines Schülers erfordert, kann die Schulleiterin oder der Schulleiter Vorbereitungszeiten und Prüfungszeiten angemessen verlängern und sonstige Ausnahmen vom
Prüfungsverfahren zulassen; in Prüfungen mit landeseinheitlich gestellten Aufgaben
entscheidet an Stelle der Schulleiterin oder des Schulleiters die obere Schulaufsichtsbehörde. Entsprechendes gilt bei einer besonders schweren Beeinträchtigung des Lesens
und Rechtschreibens. Die fachlichen Leistungsanforderungen bei Abschlüssen und
Berechtigungen bleiben unberührt.

Stichwortverzeichnis

Stichwortverzeichnis